甘えが日本をダメにする！

働かない「働き方改革」でいいのか

中小企業の3つの経営改革と働く者の3つの意識改革

アクティベイト株式会社
代表取締役社長
海老 一宏 著

はじめに

働き方改革は令和の時代になって、社長も働く一人ひとりも、改めて「私にとって仕事とは何か?」という問いかけに対して考えるきっかけを提供しています。昭和から平成にそして令和になり、世の中はなんだかんだあっても発展を続けています。

今ビジネスマンとして脂がのっている50代、60代の昭和に生まれた人たちは、戦争の面影こそ薄れていたとはいえ、今思い出して見ると貧しくとも夢を見ていた時代から、政治や経済の動きの中で徐々に物や生活が豊かになってきたことを経験しています。目先の物欲を満たすためだった働く目的が次第に変化して、仕事に求める価値も人それぞれになり、それにつれて精神的な変化も決して小さくはなかったと感じます。

マズローの欲求5段階説は、人間は、生理的欲求、安全欲求、社会的欲求、承認欲求、そして5段階目の自己実現欲求へと成長していくという説です。

ここではその段階ごとの説明は省きますが、確かにいつのころでしょうか、日本の社会全体が低次の物欲的欲求の充足が進み、いつしか内面的な欲求の充足を求めている日常になっていたことに気がつきます。

内面的な欲求を満たすということは、物質的な満足感と比べて充足感や達成感を得るのが難しいと感じます。一人の人間の成長でも今の立場の判定が難しく、ゴールも見えにくく、三歩進んで二歩下がる的な行きつ戻りつがあり、なかなか一筋縄では行かないと感じています。

今の時代はマズローの社会的欲求段階から、自己実現欲求段階あたりにいるとして、未来から見たら私たち日本人はどの辺にいて、もしもっと精神的に成長するための正解があるとすれば、「何を」やっておけばよかったのか？

お腹が満たされた（マズローの5段階説の半分くらいの位置か）人が、次に内面的に何を求めてどう変化し、成長してきたのかは、社会全体としては過去を振り返るとある程度把握できても、個々の人間にとって自分が実際に今どうなっているかを的確に言える人は少ないと思います。

私は、今の時代は人によって懐具合も違えば生きる価値観が違っていて、混沌としていて複雑で、ハッキリ言えば、昔と比べれば（自由は手に入れて）天気は晴れてはいるが、カラッとしていない天気（自由を何に使っていいかわからない）が続き、時々ゲリラ豪雨（自分を見失う）が襲ってくることが長く続いているように感じています。もっと良い人生になるにはみんなどうしていいか良くわからない、目標を持ちにくい時代です。

そこに急にやってきた感のある働き方改革は、被雇用者、つまり働く人の側に立っていて、しかも、法制度での強制はあるにしても、その目的は、働き方の選択の自由などを通して個人の自由な生き方の選択をもっと楽にするものであり、やはり、マズローの発展段階説に合致していて、自由主義の原則から外れたものではないのだと感じます。

従ってこの働き方改革の政策は、高度な自己実現をめざす人の割合を増やすありがたい政策といえます。

しかし、この選択の自由度の増加は誰にでも楽に手に入るわかりやすい個人の自由に直結していません。なるべくこの恩恵を享受できる人を増やすためには、この政策のスタートと同時に、仕事人としての自我をより芽生えさせ、自己管理能力を高めるための社会全体の「何か」が必要に思います。

この「何か」がなくてもこの改革を有利に使いこなせる人は、おそらく半分もいないのではないかと、漠然とですが感じます。多くの人は、そのポテンシャルは間違いなくあると思いますが、知らないうちに流されて生きている人や他力本願的な人、何事にもネガティブな人などは、働く側に有利にみえる楽な入り口から気がつかないうちにどんどん選択の余地のない、生活的にも精神的にも抜け出せない貧困な状態に陥りかねないと私は心配しています。もしかすると経済的・精神的格差はこれによって益々広がる可能性もあるかもしれません。働き方改革の労働者視点に立った入り口の自由さは、結果としてどうなるかは人次第と感じます。

では沢山の人が恩恵を享受できるこの「何か」とはどんなことなのか？
そして、誰がどのタイミングでどんな目的で伝えたらいいのか？

この本では、その問題に取り組み、この「何か」のヒントを見つけ出したいとの思いで書いています。

第一部では、働き方改革がなぜ我が国に必要になったのか、そして、現在の企業が働き方改革を進める上での問題点について書いています。

第二部では、中小企業とそこで働く人達は、この働き方改革をどう捉えて、どう取り組めばいいかを3章から8章までを使って書いています。

第三部では、この働き方改革を通して社長や個人が目指し、創り上げる日本の未来について書いています。

この本をヒントに、それぞれの立場で自己実現に近づく「何か」が少しでも見えてきたら大変嬉しく思います。

第4章　労働生産性を高める中小企業の経営改革　その2
『オンリーワン戦略でブルーオーシャン市場をめざす』

第5章　労働生産性を高める中小企業の経営改革　その3
『社長の10／10意識』

第一部

働き方改革の必要性と推進の問題点

第一部　働き方改革の必要性と推進の問題点

第1章

働き方改革は日本の未来に必要なのか？

働き方改革は、日本が置かれている様々な雇用環境を抜本的に見直し、改める強力な施策です。

さらに、雇用問題に限らず、現在の日本の経済や社会、そして将来予測される様々な問題点に対して、考え方の変化を求めています。これは企業と人の在り方にもつながります。

一般的に働き方改革は、残業の規制や有給休暇の強制的な取得、「同一労働・同一賃金への取り組み」などを考えたもの、つまり働く人の視点に立った法律の規制の導入や強化と捉えがちです。これは新聞報道の責任でもありますが、それは表面的なものでしかありません。

もし、この働き方改革を単なる法律問題と捉え、企業が法に触れない対策をとること（法の網をかいくぐること）それだけの対応なら、この国は沈没してしまう。そういう強い危機感を私は持っております。

■働き方改革で「3つの労働生産性低下」が怖い

私が感じている働き方改革がもたらす「危機」を具体的にお話しましょう。

第一に、働き方改革を表面的にとらえ、残業を少なくして、休日を増やす対策だけをとると、企業は総労働時間の減少になります。つまり、労働生産性が低下することになり、企業収益も悪化します。

第二に、国は、人口減少と少子高齢化による労働人口の減少に対応するため、一億総活躍社会をとなえて、女性と高齢者に労働参加を促しています。

パーソル総合研究所と中央大学の調査結果によれば、日本は２０３０年に人手不足が６４４万人に達すると予想されています。千葉県の６２６万人の人口を上回る不足人数です。厚生労働省が２０１７年時点で試算した人手不足数１２１万人のなんと5倍にも膨れ上がる計算です。この人手不足解消のカギとなるのが、シニアと女性です。しかし、今まで働いたことのない女性や一度家庭に入って子育てなどを経た女性、さらに本来ならリタイアして年金暮らしをしているシニア世代に労働させる事は、どう考えても現役バリバリの社員と比較して、労働生産性が向上するとは思えません。

第三に、私が今、恐れているのが、残業規制や休日増加、ワークライフバラン

スなど、労働者の視点にかなり偏った「労働者の権利の充実」をはかる法整備をすすめた場合、それに影響をうける「労働意識の変化」です。

労働者の権利の充実ばかりに目が行くと、労働者の義務感が低下します。つまりプライベートの充実ばかりがクローズアップされ、仕事自体への意欲が減退するのではないかと心配しています。

日本人の際立った美徳の一つが勤勉です。

日経新聞の2018年6月5日に掲載されたジュネーブ国際高等問題研究所のリチャード・ボールドウィン教授は「グローバル化の将来は」という寄稿の中で**「私がいつも驚かされるのは、日本ではあらゆる職業の人が自分の仕事に真剣に向き合っていることだ」**と述べています。仕事への取り組み方が変化した場合、仕事への意欲の低下が企業全体のパワーの低下になる可能性があります。

もし総労働時間の減少、シニアや勤務経験の少ない女性の活用、労働意欲の減退という、この3つの労働生産性の低下圧力の懸念がその通りになってしまったら、日本はいったいどうなってしまうのでしょうか？

後述するように、働き方改革は、労働生産性の大幅な改善を狙っているのですが、それが逆の動きになった時のダメージが心配です。あくまで一時的に痛みを伴う改革で、いずれは政府の狙い通りに修正されていくのでしょうか？

また資金的にも技術的にもマンパワー的にも、大企業と比較にならない中小零細企業にとって、法規制がまともに直撃する２０２０年以降、この３つの労働生産性の低下圧力に、対応できるものなのでしょうか？

そして一人ひとりの働く人間にとって、安易な労働時間短縮の流れが、勤勉さなどの日本の良い伝統が失われ、仕事への意識の低下をもたらした場合、一生を通しての「人生の満足度」が果たして確保できるのでしょうか。かなり疑問です。

ワークライフバランスが改善して楽しい日々を送ることができても、一生を通して仕事のスキルが上がり、それに伴って収入が上がり、仕事のキャリアに支えられた豊かな生活となるのかどうか、ということです。

このような「労働生産性低下への３つ懸念」が現実となったとき、日本に未来はありません。

むろん私は、日本の第二次世界大戦の敗戦や、度重なる自然災害、阪神淡路大震災や私の故郷の東北を襲った東日本大震災など、様々な危機から復活をとげた、世界も驚く日本の底力を疑ってはいません。

困難に対応する日本人の能力の高さは、十分に知っているつもりです。

このような私の心配する「危機」にすぐ直面するとは思っていませんし、この私の持つ疑問がいささか短絡的な面もあることも承知しています。

そして安倍政権の「働き方改革」へ賭ける危機感とその意図についても知っているつもりです。これが日本が今まさに取り組むべき生き残りへの大きなチャレンジであることも知っています。基本的にこの改革を前向きに捉えています。

政府としてもまったく初めてのこのような大きな意識改革に対して「こういうことをめざして行く」「こうならなければいけない」という指針を示したものであって、その達成は一筋縄では行かず、企業と国民の英知が必要だとも理解しています。

私はこの政府の方針が道を外れた現実とならないように、あえて表面的に捉えがちな働き方改革の取り組みに警鐘を鳴らし、一企業としても一労働者としてももっと問題点を認識して、最善の方向に少しでも向かう努力をするべきだと考えています。

そのような視点から本書を書き進めたいと思います。

■働き方改革の「法律」はこうなっている

ここで、働き方改革についておさらいをしてみたいと思います。

２０１８（平成30）年５月に成立した働き方改革関連法案は、２０１９年（平成31）年4月から大企業に施行され、２０２０（令和２）年から中小零細企業にも施行されます。

これにより、長時間労働などが原因の過労死・過労自殺、疾病などの問題や欧米などの先進国に比べて休日の少ない現状、そして同じく先進国と比較して非正規と正規の極端な給与の格差に、国として一定の立法措置を持って防止策を講じたことになります。

日本の労働市場改革の流れについて、２０１８年の8月10日の日経新聞の経済教室にカルフォルニア大学のS・ヴォーゲル教授が「日本型制度の強みを活かせ」と題して寄稿しています。

それによると、日本は90年代から、企業の自由裁量を増やす、いわば規制緩和策で雇用者よりの改革と労働者保護を強化する改革の両面で労働市場改革に取り

日本の人口の推移

○ 日本の人口は近年減少局面を迎えている。2065年には総人口が9,000万人を割り込み、高齢化率は38%台の水準になると推計されている。

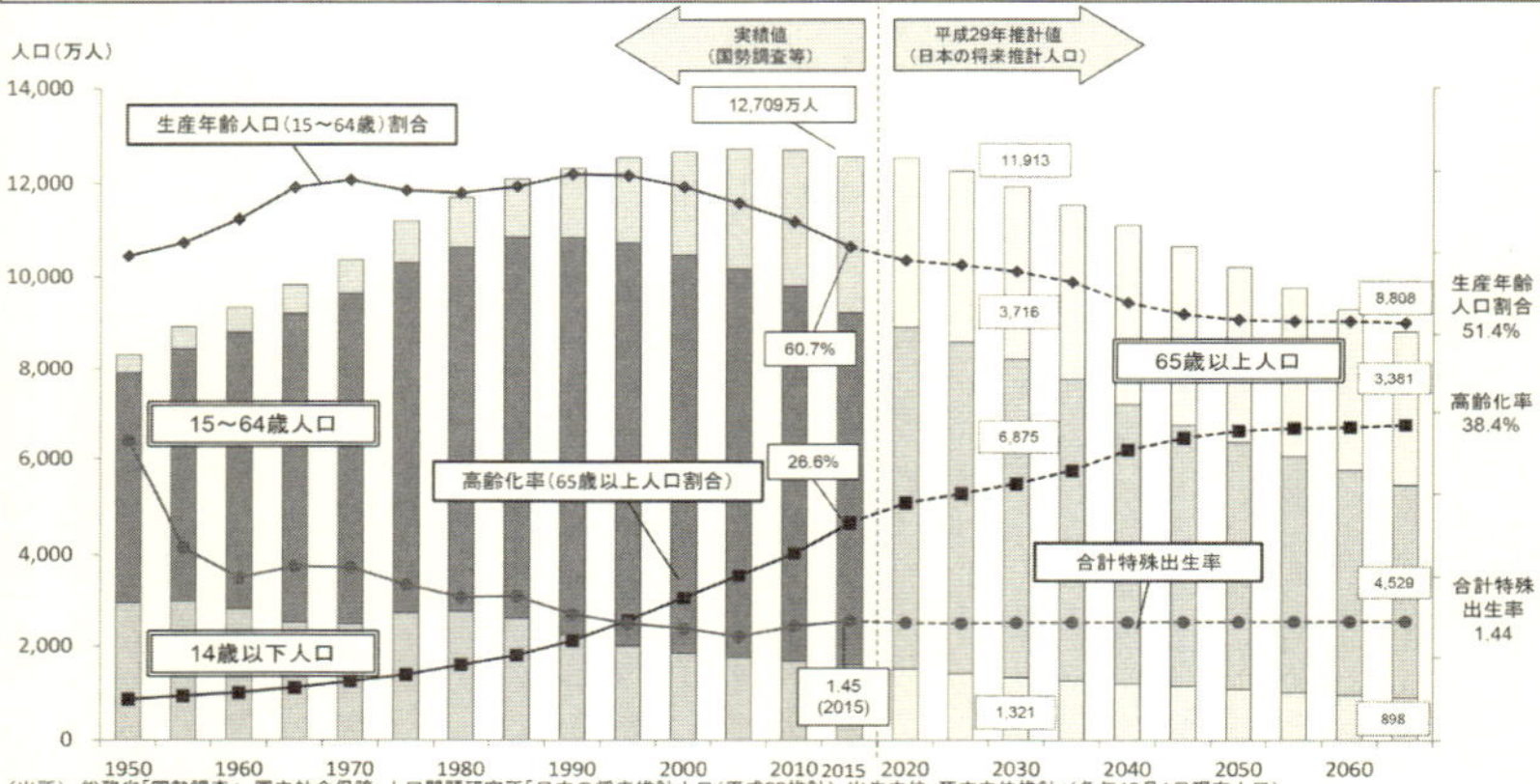

（出所） 総務省「国勢調査」、国立社会保障・人口問題研究所「日本の将来推計人口（平成29推計）：出生中位・死亡中位推計」（各年10月1日現在人口）
厚生労働省「人口動態統計」

組んできています。それが、今回の働き方改革では、重点を労働者よりに移しました。労働コストの抑制を通じて企業の利益をあげる政策から、労働者の待遇改善を通して労働参加率と生産性の向上をめざす改革へとかじを切ったのだといいます。

ここで、これらの法律が検討されることになったデータを挙げておきましょう。

かねがね問題になってきた長時間労働による過労死・過労自殺対策の必要性については、二つのきっかけが、影響したのではないかと考えています。

年平均労働時間と長時間労働者の各国比較

○　日本は欧州諸国と比較して、年平均労働時間が長い。
○　また、時間外労働（40時間/週以上）者の構成割合が高く、特に49時間/週以上働いている労働者の割合が高い。

○年平均労働時間

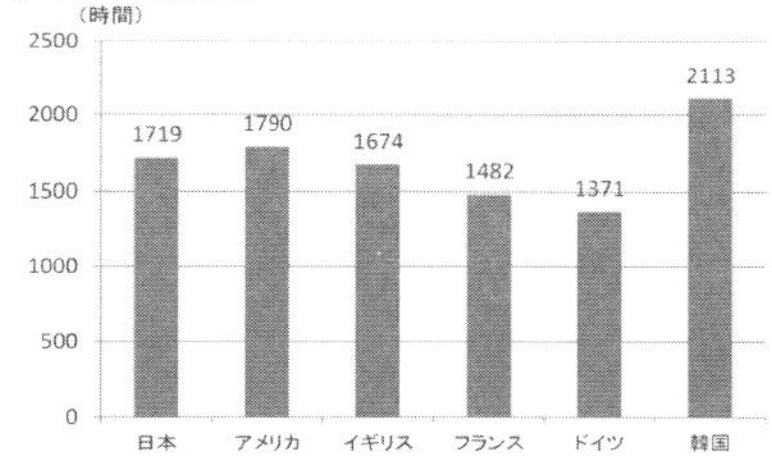

（資料出所）労働政策研究・研修機構「データブック国際労働比較2017」

○長時間労働者の構成比（週当たりの労働時間）

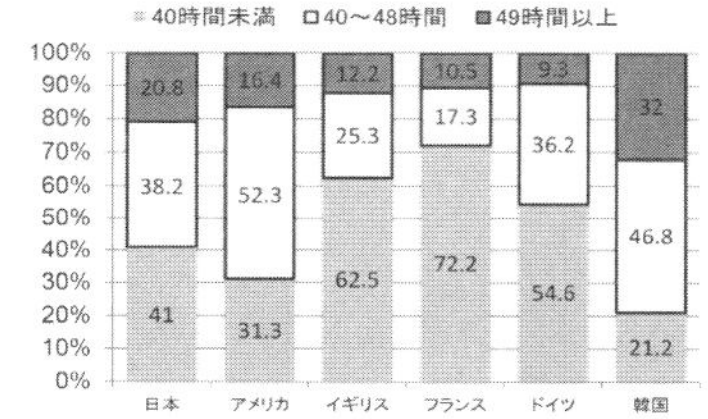

（資料出所）労働政策研究・研修機構「データブック国際労働比較2017」
ILO「ILOSTAT Database」

<事務局注>
※　年平均労働時間は、2015年の各国の就業者一人当たりの年間労働時間を示す。
※　フランスのみ推計値

<事務局注>
※　長時間労働者の構成比については、2016年の各国の就業者一人当たりの週労働時間を示す（アメリカは2013年、日本・韓国は2015年）。データは、ILO「ILOSTAT　Database」による。
※　端数処理のため、計100%とはならない（ドイツ）。

諸外国のフルタイム労働者とパートタイム労働者の賃金水準

○　フルタイム労働者に対するパートタイム労働者の賃金水準が、ヨーロッパ諸国では７～８割程度であるのに対して、日本は６割弱となっている。

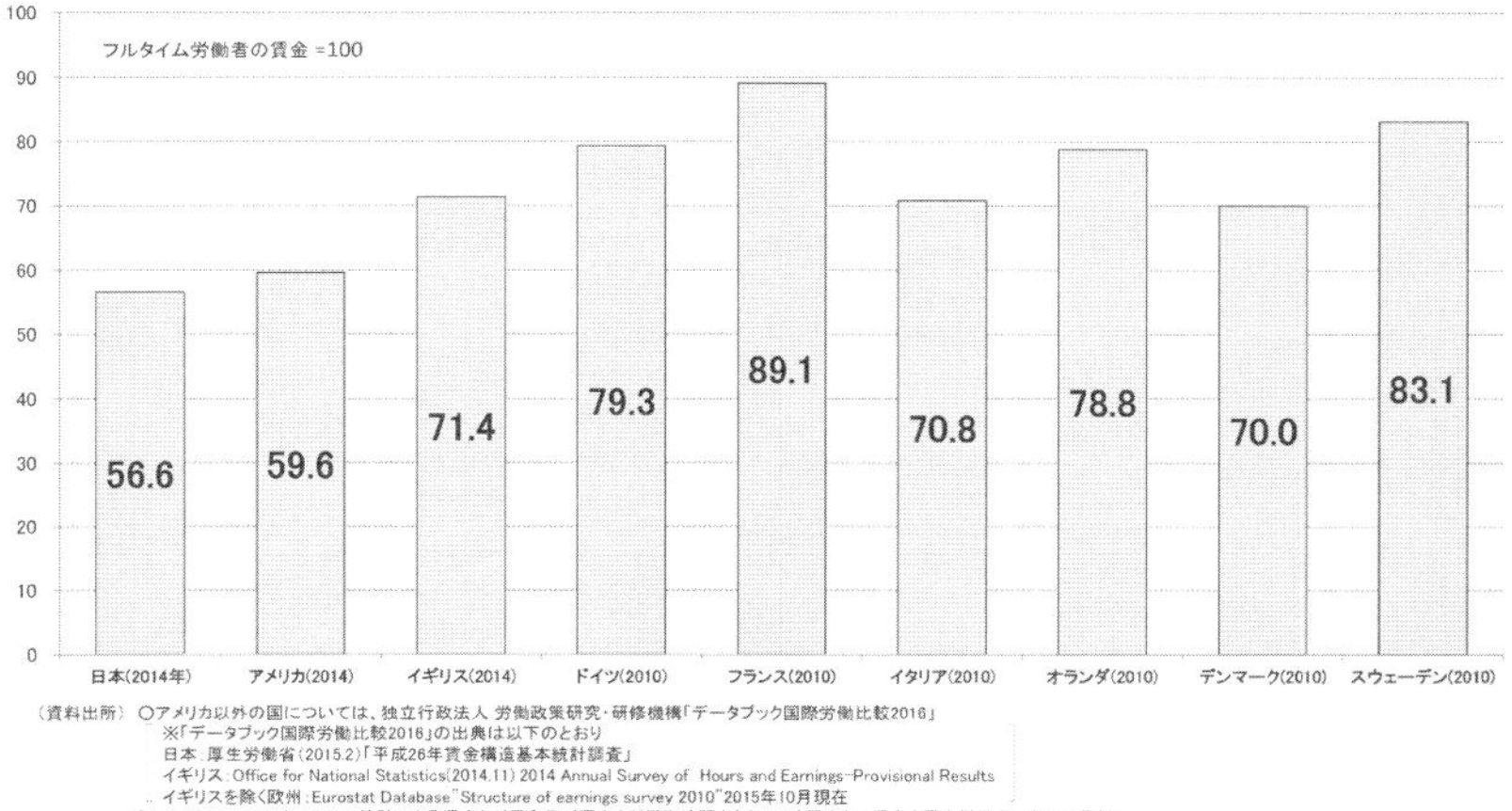

（資料出所）　○アメリカ以外の国については、独立行政法人 労働政策研究・研修機構「データブック国際労働比較2016」
※「データブック国際労働比較2016」の出典は以下のとおり
日本：厚生労働省（2015.2）「平成26年賃金構造基本統計調査」
イギリス：Office for National Statistics(2014.11) 2014 Annual Survey of Hours and Earnings-Provisional Results
イギリスを除く欧州：Eurostat Database "Structure of earnings survey 2010" 2015年10月現在
○アメリカについては、以下の統計による週当たり賃金及び週当たり労働時間をもとに、時間当たり賃金を厚生労働省において推計
BLS(2015.2)Labor Force Statistics from the Current Population Survey

年次有給休暇の取得率の推移

年次有給休暇の取得率については、近年5割を下回る水準で推移している。

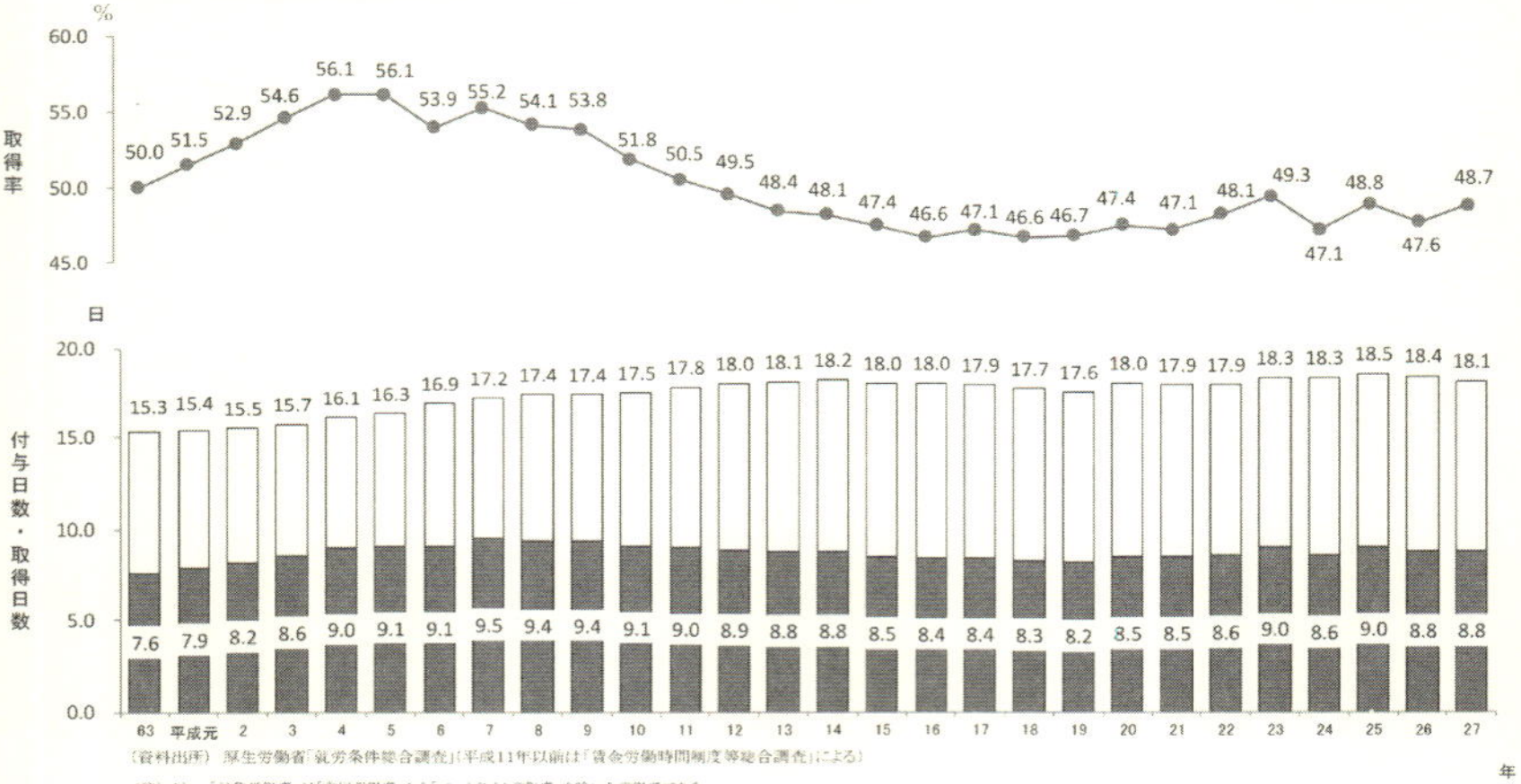

（資料出所）厚生労働省「就労条件総合調査」（平成11年以前は「賃金労働時間制度等総合調査」による）

（注）1）「対象労働者」は「常用労働者」から「パートタイム労働者」を除いた労働者である。
2）「付与日数」には、繰越日数を含まない。「取得率」は、全取得日数／全付与日数×100（%）である。
3）平成18年以前の調査対象：「本社の常用労働者が30人以上の民営企業」→平成19年以降の調査対象：「常用労働者が30人以上の民営企業」
4）平成25年以前の調査対象：「常用労働者が30人以上の会社組織の民営企業」→平成26年以降の調査対象：「常用労働者が30人以上の民営法人」（医療法人等の会社組織以外の法人を調査対象に加えた）

一つは、平成21年の国連の「社会権規約委員会」が日本政府につきつけた報告書です。２０１３年の5月23日の産経新聞によりますと同委員会は日本政府に対して「多くの労働者が長時間労働に従事していることと、過労死や精神的なハラスメント（嫌がらせ）による自殺が職場で発生し続けていることを懸念する」と表明したとの事です。この勧告に対しては国連に取り組みを報告する義務があるとのことです。

もう一つは、記憶に新しい大手広告代理店の新入社員の女性が過労のために自殺した痛ましい事件です。今回の働き方改革の法律施行に先立ち、

２０１７年2月21日に安倍晋三首相は、この亡くなった女性の母親と首相官邸で面会し、労働基準法を改正して規制を設けることの決意を述べたとのことですので、この事件も政府内で相当の影響があったものと推測します。

働き方改革関連法（８の法律）の概要は、

・残業時間の上限規制と違反への罰則
・有給休暇の付与義務
・同一労働同一賃金
・脱時間給制度（高度プロフェッショナル制度）の導入

となっています。

現時点では、法律違反によって当局が動き出したというニュースはありませんが、現在大企業ではこの法律の施行前から準備していた残業時間の削減や休日の増加のために個人や組織としての業務を見直し、無駄を排除してＲＰＡ（Robotic Process Automation／ロボティック・プロセス・オートメーション）などのＩＴ投資を増やしたり、アウトソーシング（外部委託）を導入したり、新たに派遣社員を入れるなどの、対応策を改めて検証しながら推進しています。

■「働き方改革」で「豊かで充実した社会」が実現するのか？

「働き方改革」で新しい法制度が設けられたことで、企業側も働く私たちの側もまずは、法律の枠組みでこの改革を捉えて行動を起こそうとしていますが、まず、政府が働き方改革を行うことで作り上げようとする社会はどのようなものなのかを見ていきたいと思います。

政府の策定した「働き方改革実行計画」（議長　安倍晋三内閣総理大臣）には次のように示されています。

「働く一人ひとりがより良い将来の展望を持てるようにする」ため、働き方改革は「労働生産性を改善する最良の手段」であると位置づけられています。

さらに働き方改革のまとめに厚生労働省の担当として携わった岡崎淳一氏の著書「働き方改革のすべて」では、

「働き方改革は、一億総活躍社会を作るための最大のチャレンジであり、単に働き方にとどまらず、日本の企業文化、日本人のライフスタイル、日本の働くということに対する考え方に及ぶ、トータルで本格的な改革をめざす。また、働く人の視点に立って、労働制度を抜本的に改革し、働く人が働きやすい環境の下で、多様な働き方から、自分の仕事を選択し、自分の未来を創ることができるようにするものである。さらに、国全体の生産性の向上、成長と分配の好循環につながるものでもある」

と述べています。岡崎氏の記載は、首相官邸のホームページにある働き方改革実行計画の「基本的考え方」と同じ主旨となっています。

このように**政府が推進している「働き方改革」は、単なる残業削減や休日増加ではなく、その先にある豊かな充実した家庭、社会、日本を作ろうと国は考えている**ことがわかります。このめざすべき方向性には誰も否定する人はいないと思います。ぜひ5年後、10年後に定着し、さらに30年、50年後の日本がこの改革をきっかけとして世界に冠たる素晴らしい国家になって欲しいと思います。

■日本の労働生産性が低い原因

繰り返しますが政府は豊かで充実した社会と日本を創り出すために、働き方改革を「労働生産性を改善する最良の手段」であると位置づけています。「労働生産性」が改善されることが、働き方改革の核心であると言っていいと思います。

ここで、ＯＥＣＤ加盟各国の労働生産性の比較表をみていただきたいと思います。

日本はＯＥＣＤ加盟各国中の20位。先進国と比較して異様に低い実態であるこ

OECD 加盟国生産性比較

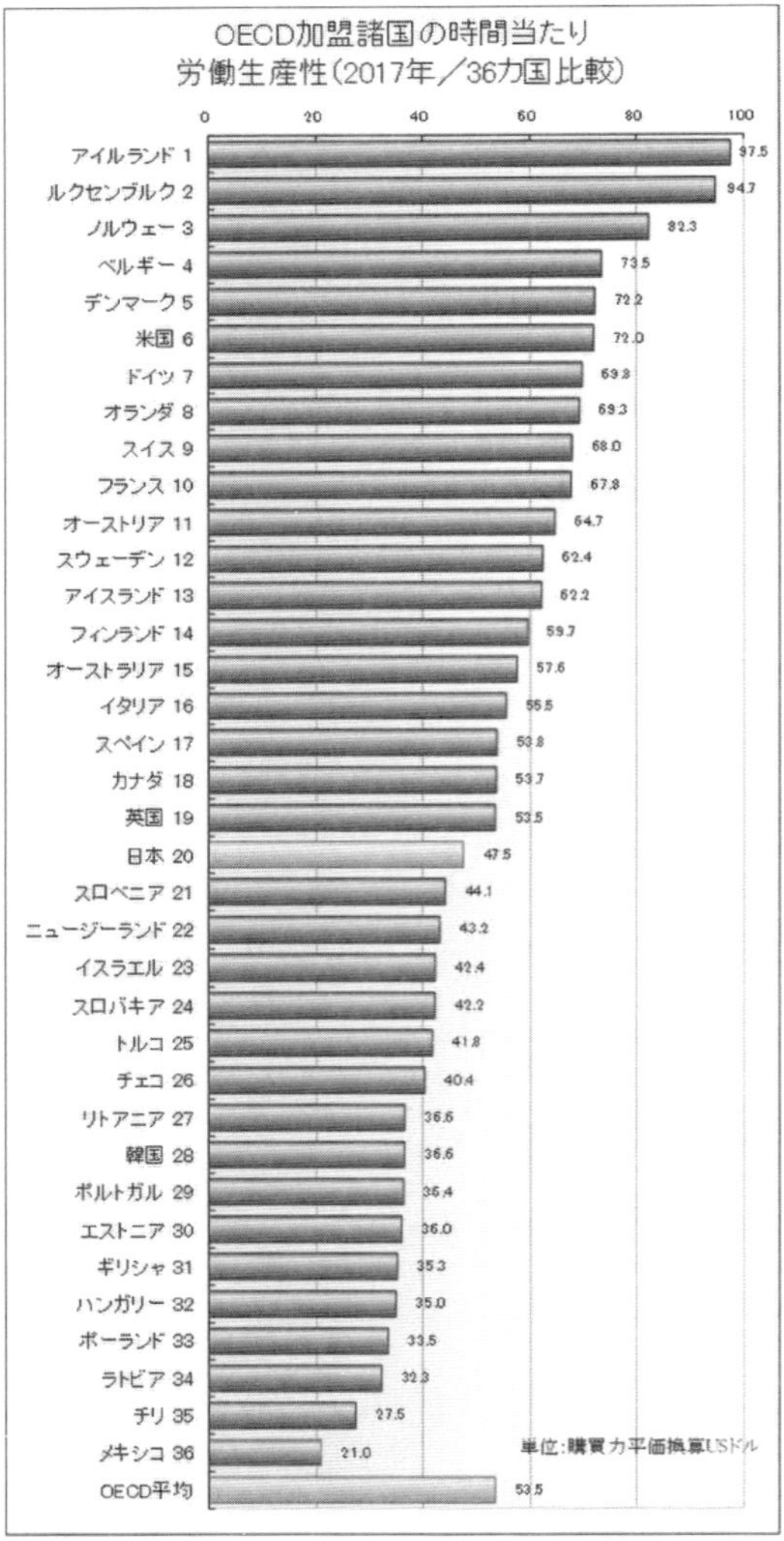

国民生産性本部「国民経済生産性」より

とがわかります。しかもこの現象は最近になって現れた現象ではありません。既に40年ほど前の１９７０年代より先進国では最下位レベルとなっています。

ではそもそもなぜ労働生産性を高める必要があるのでしょうか？

労働生産性は、国内総生産量 ÷（労働者数 × 労働時間）で算出されます。これだとピンとこないので企業で考えてみれば、労働者一人当たりの付加価値額です。もっと簡単に言えば、企業の間接部門や派遣・アルバイトの人もすべて含めて、一人当たりいくら儲かっているか、という効率のことです。

あなたの会社の隣に同業界のライバル企業があったとします。もし労働生産性が倍だとしたら、同じ総人件費の場合、倍の儲けがあるということです。別な見方をすれば、同じ売上でも人件費は半分で済んでいるということです。

つまり、ライバル企業は設備投資や広告宣伝費にたくさんお金を掛け続けることができるために、おそらく数年このままの状態が続けば、いずれあなたの会社は倒産するでしょう。しかもライバル社長は倍くらいの年収が取れていてあなたの会社が倒産することでさらに儲かるということです。労働生産性の指標がいかに大事かがわかります。

これを国に置き換えてみても同じことです。先進国で最下位を継続しているということは、いずれ日本は先進国から脱落していき、人口も減少し、世界の中でちっぽけな国になるということです。

自動車産業を始め、あらゆる産業で世界をリードしてきた印象がある日本が、いったいなぜこれほどまでに労働生産性が低いのでしょうか？

これについては、人口の減少や、不十分なＩＴ投資など、様々な理由が指摘されています。詳しくはその専門家の議論に任せたいと思いますが、人材紹介業として企業と人に接してきて私が、いつも気になっていることは、特に次の３点です。

一つ目は、日本人の過剰な「おもてなし」などのサービス概念や過剰な品質や必要以上に多いと感じる製品の種類です。

今見直されようとしているコンビニやスーパーなどの24時間営業、時間を細かく区分し、不在でも何度もお届けする宅配ビジネス、サービス産業や外食ビジネスなどで感じる必要以上に丁寧な「お客様第一主義」や「お客様は神様」意識。さらに商品の過剰な包装など。また製品の種類と言えば、つい先日テレビで、日本の文房具の種類の多さを紹介していましたが、確かに文房具売り場に立つと一体どれを買ったらいいのかわからないほど、その種類の多さに驚きます。これらの過剰生産ともいえる製品コストは、個人の労働の無報酬のサービスや、製品価格に結果的に上乗せされているのだと感じると日本が誇るこれらのことも見直しが必要な時期が来ていると感じます。

事実、日経新聞の２０１８年度の小売業調査によると、例えば小売店舗の営業時間については、この人手不足状況下での働き方改革の導入で1年前と比べて「短縮した」「短縮を検討」との回答が約３割となっています。80年代から続いてきた営業時間の拡大の流れが逆転しています。

二つ目は、労働に対する賃金の考え方や仕事の意識から来る日本人の働き方です。日本的雇用と言われる、終身雇用、年功序列的な労働慣習は、昭和の高度成長期には好ましい影響を与えたと思います。しかし、その弊害がまだ日本人の働く意識に色濃く残っています。例えば、会社にいれば、成果に関係なく給与がもらえることは、成果に対してではなく、時間に対しての賃金、という面ばかりがクローズアップされてしまいます。

やるべき仕事をきっちりとこなして、終わったら就業時間内でもさっさと帰るとか、有休を取って気兼ねなく遊びに行くなどの意識は日本人にはあまりありません。むしろ、本来なら十分に時間内に終わる仕事をだらだらやって、居残りして残業代を稼ぐという意識の労働者もまだたくさんいます。逆に言えば、同じ時間で人よりたくさん成果を出しても給料は変わらない、いまの評価制度に問題があるのです。

三つ目は、中小企業経営者の求めている企業の在り方、仕事の仕方、成果に関してです。全国にある３５０万社以上の中小零細企業には、当然ですが同じ数の社長が存在しています。中小企業にとって社長は会社そのものと言っても過言ではありません。その社長の意識と行動が、日本の生産性の低さの一つの原因となっていると私は感じています。理性的に定量的に、あるいは損得で考えれば明らかに無駄な仕事や過剰な労働を従業員にさせていたり、悪しき「超」朝令暮改や自分だけは別といった社内ルール無視。感情にまかせた社長のワンマンさがもたらす社員の「何を言ってもだめ」というあきらめ感がもたらす会社幸福度や仕事の満足度の低さ。社長の能力の範囲内で雇用される社員レベルの低さや、社長の未来ビジョンの低さから来る近視眼的堂々巡りの事業運営などが中小企業の総和としてこの国の労働生産性に影響していると感じています。

さらに中小企業の問題として日頃私が特に感じているのは、会社の経営基盤の未熟さです。例えば、経営会議や営業戦略会議などの会議体と呼ばれていることの未整備と運営の未熟さ。また、組織規定や業務分掌規定や職務分掌規定などすべての組織の役割とマニュアルやガイドの未整備によって本来必要な仕事が漏れていることなどです。

このような会社の屋台骨となる部分についてしっかりしていないと、何をやっても長続きしない、その場限りの事業運営となってしまいます。ワンマン社長が大好きなトップダウンも、これがきちんと整備されていないと組織の末端まで届きません。なぜならルールがないために組織の管理職が自分で都合のいいように運営してしまうからです。会社の創業から成長への発展の度合いにもよりますが、少なくとも社員が30人程度になって、社長が一人ひとりの仕事の把握が難しくなり、また、社長の言葉でのマネージメントの限界を超える前に整備していく必要があります。この辺の詳細は、ナンバー2として企業を上場させた経験を持つ、渡邊繁氏の著作「扉を開く」（文芸社）をぜひ参考にしていただきたいと思います。

ちなみにこの本の主旨とは少し外れていますが、イギリス生まれで、３００年以上の歴史を持つ小西美術工藝社の社長のデイビット・アトキンソン氏が、その著書「日本人の勝算：人口減少×高齢化×資本主義」（東洋経済新報社）で指摘した日本人の生産性の低さは、他の先進国と比較して日本の中小企業の比率の多さとそこで働く人の多さによる経営効率の悪さが原因だとしています。今までにない視点で大変興味を持ちました。

「日本人の勝算」は、中小企業の経営効率の観点からの指摘でしたが、私はさらに、中小企業経営者と働く人の意識の古さも労働生産性の低さに影響していると感じています。３章以降ではこのような視点でもお話してみたいと思っています。

【第１章のまとめ】

働き方改革は日本の未来に必要なのか？

働き方改革は、日本が置かれている雇用環境を抜本的に見直す強力な施策。残業の規制や有給休暇の取得などは表面的なもの。

■「３つの労働生産性低下」が怖い

働き方改革を表面的にとらえると労働時間の減少になり、さらに女性と高齢者に労働させようとしているために労働生産性、収益を悪化。「労働者の権利の充実」での「労働意識の変化」も恐い。労働者の義務感が低下、仕事自体への意欲が減退となる。もし**総労働時間の減少**、**シニアや勤務経験の少ない女性の活用**、**労働意欲の減退**という「３つの懸念」、労働生産性の低下の圧力がその通りになってしまったら、日本はいったいどうなってしまうのか？　日本に未来はない。

■働き方改革の「法律」

働き方改革関連法（8の法律）の概要は、残業時間の上限規制と違反への罰則。有給休暇の付与義務、同一労働同一賃金、脱時間給制度（高度プロフェッショナル制度）の導入。

■「働き方改革」で「豊かで充実した社会」が実現するか

政府が推進している「働き方改革」は、豊かな充実した家庭、社会、日本を作ろうと考えている。

■日本の労働生産性が低い原因

日本は OECD 加盟国中の 20 位。先進国と比較して異様に低い。1970 年代から先進国では最下位。理由は、サービス概念や過剰品質、多すぎる製品の種類など。日本的雇用の終身雇用、年功序列の弊害が残る。また、中小企業の企業の在り方と仕事の仕方も問題。

第一部　働き方改革の必要性と推進の問題点

第2章

企業を襲う3つのマイナス環境

前章で働き方改革がもたらす「労働生産性の低下への3つの懸念」を指摘しましたが、働き方改革よりももっと企業や国民に影響がある変化で、ここ数年で浮上した、ある問題があります。企業が置かれている環境にマイナス影響を与えかねないこの大問題についてこの章でお話ししたいと思います。

■消費税軽減税率はありがたいのか?

それは、**第一に**、ついに施行された消費税の増税です。

政府は2015年10月と2017年の4月にも景気への悪影響を懸念して増税を見送ったため、私たち国民は「どうせまた今回も延期になるのではないか」とぎりぎりまであまり真剣に考えていなかったために、既に決まっていたことではありますが、やはり今回の増税は突然感がぬぐえません。この増税には、酒類・外食を除く飲食料品と、何故かスポーツ紙まで含めた定期購読新聞は8%に据え置かれた軽減税率が決まりました。税金が少しでも少ないのは一見ありがたいことですが、どれが軽減税率に該当するのかの判断の煩雑さと、商店などにとってはレジの買い替えやソフトの切り替えにコストがかかるばかりか、移行作業に大変な手間がかかり、ただでさえ労働力が不足しているところに大きな負担がのしかかっています。

軽減税率の判断でやっかいなのは、例えばイートインコーナーのあるコンビニやファーストフードのお店の場合です。お客様が、店内で食べる場合は外食にあたるために10％の税金となり、持ちかえる場合は、食料品となるために８％となります。仮に「持ちかえります」といって、トレーではなく、袋に入れてもらった後にテーブルで袋から出して食べたとしたら？　１０００円分の食品として、差額の２％の税額はわずか20円ですがそれでも支払いは少なくなります。私はたった２％とはいえ、おそらくどう考えても「裏技」的に使う人がたくさん出てくると思います。

しかしこれは立派な脱税になります。このようなプチ脱税者を防ぐためにアルバイト店員にいちいち確認させたり、飲食している人を口頭で注意させることになるのでしょうか？

いずれにしても軽減税率は「こんなこと」を国民にさせてしまう施策というわ

けです。

さらに、判断でやっかいなのは、食料品とそれ以外の商品が一体となった商品、例えば珈琲の粉とコーヒーメーカーのセット商品や重箱入りのおせち料理などです。これらは、「一体資産」と呼ばれて別なルールで運用されます。

それは、条件が2つあり、どちらもパスしないと食品が入っていても軽減税率は適用されず10％となります。その条件とは

①合計した税抜き金額が一万円以下であること

②飲食料品分の金額が全体の3分の2以上であること

です。漆塗りで金箔の入った重箱入りのおせち料理は、持ち帰りの食品であっても軽減税率適用外になる可能性があります。普通の人がいちいち覚えることが難しい面倒な税率のルールです。

ちなみに飲食関係や食料品店だけでなく、すべての企業において売上や仕入れ、消費税の支払いなどの経理処理にも通常税率と軽減税率の2つの経理処理が必要となり、多くの企業や国民にとってもわずか2％の軽減措置による二重の税率がいつまでも続くことに、ありがたいと思っているよりも煩わしさを感じる人が多

いのではないかと思います。そもそも労働生産性の低減がもっとも重要だと言っていながら、公務員の仕事（税金）を増やし、全ての企業に負担（労働生産性の悪化）を掛けるこの軽減税率の施策は、国会議員のみなさんが、労働生産性の問題を無視しているし、国民の生活や感情を本当に考えているのか疑問を感じます。軽減した税金は1兆円になると言われています。この1兆円をどこから持ってくるかという話も大事かもしれませんが、労働生産性の大幅な改善が必要な時に、この1兆円のためにどれほどの労力を掛け続けなければならないかを誰が考えているのでしょうか。

軽減した分が果たしてペイするのか、誰かがしっかりと計算しているのでしょうか。本当に腑に落ちない施策です。

■最低賃金の引き上げに、中小企業から悲鳴が聞こえる

二つ目の問題は、最低賃金の引き上げです。政府は、２０１９年度の経済財政運営の基本方針（骨太の方針）で全国平均の最低賃金を早期に１０００円をめざ

すと明記しています。この方針に則り、中央最低賃金審議委員会は2019年7月31日に4年連続での約3％の引き上げを決定しました。

この最低賃金の引き上げの問題は、前述したディビット・アトキンソン氏が強く必要性を訴えており、政府としても労働政策的にも経済政策的にも引き上げの効果はプラスになると判断しているようです。

私も、デイビット・アトキンソン氏の賃金の引き上げ論は大変納得するところがあり、マクロ的には正しいと思っており概ね賛成しています。

私がこの政策で注目するのは要約すれば次の2点です。

① 最低賃金の引き上げは、賃金全体の上昇となるために可処分所得を増やす対策となり、景気刺激となること。

② 最低賃金の恩恵にあずかって生き延びている企業は、そもそも淘汰されるべき企業がゾンビ化しているだけである。従って、これらの企業の変革により企業の効率化が進み、労働力の移動が行われる。

つまり、低賃金で労働者を働かせることでしか採算が取れない企業は、賃金の上昇に耐えられずに倒産して、労働者は別の企業に転職することもある、というのです。これによって国全体の労働生産性は改善するというわけです。

これに対して中小企業は、政府主導での最低賃金引き上げに反対しているところが多いのが実態です。日本商工会議所によると、付加価値に占める人件費の割合である労働分配率が大企業で44％なのに対して、中小企業は73％に達しているとのことで、賃金引き上げの影響は中小企業にとってケタ違いに大きいと言わざるを得ない状況です。

最低賃金の引き上げに関しては、立場によって様々な議論があります。

労働者の視点で言えば給与が上がって嬉しい人もたくさん出てくると思いますが、もし、現在の最低賃金に対して労働力としての価値がトントンのレベルの人がいたとしたら、最低賃金引き上げで雇用は打ち切られる可能性があります。社会的弱者の働く場は減少することになるかもしれません。

しかし、反面、何かの理由で能力が有りながらも働いていない人にとっては、賃金引き上げは、労働への参加意欲の上昇となります。主婦をしていて、家事の合間に時給７９０円では働いて疲れるのに時給が見合わないから嫌だと思っている人も、１０００円なら小遣い稼ぎに働いてみようと思う人が少なからずいると思います。

中小企業のオーナーの心理はどうでしょうか？

元々給与水準の低い企業にとっては最低賃金の引き上げは、仮に3％の引き上げでもそれ以上に給与体系全体に影響するために、社長はまず2つのことを考えるはずです。

一つは、社員に対して、給与を上げた分に見合う仕事をしてもらいたいとの意識です。同じ時間に今までよりももっと成果を上げて欲しいということです。逆に言えば給与を上げても前と同じ貢献しかできない社員や年功序列で相対的に給与の高い中高年の社員の給与を下げることを考えるはずです。

しかし、これでは経営者としてあまりに無策としか言えません。ここで大変重要になるのが、本書のテーマでもある働き方改革による生産性の改善が必要になるということです。この点は第3章で詳しくお話しします。

もう一つのオーナー心理は、事業の拡大を考えることではないでしょうか？

もし、賃金を上げた分に見合う労働生産性の改善がなければ、利益が減ることになります。オーナーは利益が減って自分の手取りまで減ってしまうことに我慢できません。何とか経費の削減を考えるか売上を拡大して労働分配率を改善しようとするはずです。

経費の圧縮ですが、今乗っているベンツやクラウンをプリウスに買い替えても企業規模が年商一億未満の零細企業なら少しは効果もあるでしょうが、多くの中小企業にとっては実は大したコストダウンにはなりません。

少し脱線しますが、人材紹介でお会いする方の中には、例えばPE（プライベートエクイティ）のファンド会社から企業に送り込まれたり、コンサルタントとして買収先や支援先の企業の利益改善に取り組んだ方がたくさんおります。私は、その方たちが例外なく話す、オーナー社長の家や車のコストダウンにメスを入れたことの武勇伝を何度も聞いて「オーナー心理をわかっていない人達だなあー」といつも思っています。

もちろん社長の考え方にもよりますが、多くのオーナー社長にとって、企業はすべて自分の懐と同じです。全財産を投げ打って、借金している自分の会社がもし倒産すればすべてを失い、転職もままならず次の仕事もありません。皆さん誤解しているかもしれませんが、オーナー社長が企業を公私混同して経費を使い放題にしていると思っていますが、自分の企業が自分の懐と同じ感覚であれば、会社が傾くほどの経費の無駄遣いなど、普通はありえません。

私は、むしろ自ら出資もしていない、立ち上げの苦労も知らないサラリーマン社長の方が給与を取り過ぎていたり、経費の無駄使いをしている人もいるのではないかと思っています。

全財産を投げ打っていて、何の保証も受けられない中小企業のオーナー社長にとって、いい家に住み、いい車に乗ることは、経費を有効に使いながら、今生きていることを楽しむことです。そして社長にはその権利があると思っています。それを取り上げてしまったら、社長としては大きなリスクを抱えて今まで積み重ねてきたものが否定されたようなものです。

私は、コンサルタントなどのコストカッターの人には、オーナー社長の愛車を取り上げたり、車格を落としたりしてわずかな経費を浮かせたり、社長の意識改革をするのではなく、むしろこのように言っていただきたいと思います。

「社長、いつまでクラウンに乗って満足しているのですか？　田舎だから他人の目が気になるのですか？　もっともっと頑張って会社を発展させて利益を出して、ベンツやベントレーに乗りましょうよ！　他人や社員が何と言ってもいいじゃないですか。いや、むしろ、頑張ればこんないい暮らしができることをどんどん社会や社員に見せてください！　社長みたいになりたいと思う人をたくさん作りましょう！」

■人生100年時代に、死ぬまで働ける仕事はあるのか？

さて、企業環境に大きく影響する**三番目**の問題ですが、これもここ数年ほどで急に広まったように感じる「人生１００年時代」とその年金問題でクローズアップされた老後の不安についてです。

厚労省が発表した２０１８年の日本人の寿命に関するまとめによれば、日本人の「平均寿命」が過去最高を更新して、男性は「81・25歳」、女性は「87・32歳」となりました。

ちなみに平均余命を見てみると、現在平均寿命の年齢を迎えた81歳の男性は統計的に、さらに6年ほど生きて寿命は87歳に、87歳の女性もあと8年ほど生きて

95歳となります。定年が65歳としても余生は20年以上ある計算です。

100歳まで生きている人も珍しくなくなりました。その証拠に国が行っている老人の日の記念行事である「百歳・高齢者表彰」の記念品は、2017年までは純銀製の銀杯でしたが、現在はなんと銀メッキになって価格も半分になったとのことです。100歳以上の高齢者数は老人福祉法が制定された昭和38年にはたった153人でしたが、現在は、7万人近くいるのです。

この100歳パワーは世界レベルで見てもダントツです。人口1万人当たりの100歳以上の人数は5・5人と、2位のベトナムの2・9人の倍近い数字となっていて日本人は本当に超長生きの国であることがわかります。

では、未来はどうでしょうか？

この点でも厚生労働省の報道発表資料によると、今から約30年後の2050年に100歳以上の人は45万人と推計されています。繰り返しますが、現在7万人ほどですので、人口が1億人を切って2割以上減少するのに、100歳以上の方は6・4倍に増える計算です。たぶんそのころには老人の日の100歳を迎えた方への銀メッキの銀杯の贈呈も見直されていると思います。もしかしたらいずれ「ダブル還暦祝い」として１２０歳くらいに延長されるのでしょうか?

このように、寿命は延びてはいるものの、多くの国民にとって人生１００年時代というのは、現時点では少し大げさであることがわかります。しかし先ほどの平均寿命とその到達者の平均余命をみると、人生90年時代は現在ほぼ到達していると言っても過言ではありません。

ご存知のとおり、安倍内閣は人口減少局面においても国の活力を維持するために一億総活躍社会を提唱しています。そしてそれと歩調を合わせるように平成29年9月には内閣に「人生１００年時代構想推進室」を設置して、有識者を交えて「人生１００年時代構想会議」をたびたび開催しています。ちなみにこの有識者の中には、あの「LIFE　SHIFT　１００年時代の人生戦略」が世界中で大ヒットした、ロンドンビジネススクールの教授である、リンダ・グラットンさんも参加しています。

実際に今働いている人たちは、60歳以上の仕事についてどのように考えているのでしょうか?

厚労省の資料によりますと、65歳を超えても働きたいと思っている人は約7割もいます。さらに働けるうちはいつまでも働きたいと思っている人はなんと3割もいるのです。２０１８年2月に実施した明治安田生活福祉研究所のアンケートでも、定年前の50～64歳の正社員のうち約８割の人が定年後も「働きたい」と回答しています。どうやら、60歳で定年を迎えてリタイアして、日向ぼっこしながら縁側で足の爪切りをしている中高年の光景は過去の遺物となりつつあるようです。

このシルバー世代の労働参加意欲は、国としては大変ありがたいことです。既にお話しているとおり、現在わが国は、人類の歴史上初めてのスピードで少子高齢化社会を迎えているため、国全体としては労働力の確保が絶対必要だからです。

ここで問題になるのが、いったい65歳以降にどんな仕事をするか、ということです。単に人手が確保できればいいという話ではありません。

国としても、中高年やシルバー世代の働く場所を考えなければいけません。それはどんな仕事なのか、現実に本当に企業が雇ってくれるのか、という問題です。一般企業だけでなく、公務員も65歳定年を迎えようとしているし、新聞報道にもあるように、今や日本の企業も利益を出して新たな人材を雇用して成長しながら、一方で今後必要とする経験や知識や技能を持たない中高年を早期にリストラするようになっています。今までに経験したことの無いほどのスピードで中高年が労働市場に出てくる時代がもうそこまで来ています。もし国としての働く環境整備がスムーズに行われずに大量の中高年が働く場所を見つけられないとしたら、野党が突っ込んでいる老後年金問題がさらに大問題となる可能性があります。

一方、一人ひとりの働く人についてみれば、例えば先ほどのリストラされた大企業の管理職やスペシャリストとして働いていた人たちが、単なる労働力としてコンビニで働いたり、介護の現場で働きたいとは思わないに違いありません。

単なる労働力人材だけではなく、どうせ仕事をするなら今までの経験を活かして自分たちを必要としてくれるところを探したいと思っています。

しかし、本当に中高年が満足して働く場所が見つかるのでしょうか？

人材紹介の仕事、特に大企業に勤務する一流のビジネスマンの転職のお世話をしている私がこの本で働く方たちに訴えたいことは、ここにあります。

60歳を過ぎて働く期間がどんどん伸びて、働けるだけ働きたいと考えている人が３割もいる中で、いったいどんな仕事をして行けばいいのでしょうか？

■大成功の内閣府のプロフェッショナル戦略事業

私は現在、内閣府の地方創生事業の一環である「プロフェッショナル人材戦略事業」に会社として4年前より参画し、全国41道府県の登録人材紹介会社として活躍させていただいております。私自身、全国30都市以上で県からの依頼で啓蒙セミナーを行い、この事業の普及に貢献しながら全国の中小企業と接点を持って参りました。

「プロフェッショナル人材戦略事業」は、簡単に言えば、地方企業の成長を促進する人材を首都圏などから正社員や顧問として送り込み、さらなる雇用の増大を図り、東京一極集中に歯止めを掛ける内閣府の政策です。

この国の事業はまだ第一期ではありますが大成功を収めており、既に数千名以上の新たなプロ人材の雇用を実現し、外部の知識・経験・人脈を活用して中小企業の抜本的な変革にも貢献しております。

そしてハローワークや求人広告ではなかなか採用が難しい、高度な専門性やマネージメントスキルのあるプロ人材を立地も悪く、知名度も無い全国の地方の中小企業でも有料の人材紹介会社のパワーで、採用が実現することを証明しました。

しかし、この成果はまだまだ本格的にはこれからだと感じています。全国の中小企業の中には、お金を払って人材を採用することや、外部から人材を入れることに抵抗感のある企業も多く残っています。**この事業は、中小企業の変革により新たな成長を促し、日本の生産性を高める一つの重要な切り札**だと私は感じています。

そしてこの事業のさらなる発展には、中小企業の社長が、外部人材の活用を生き残りのための戦略であり投資と考えることと、一方活躍を期待される人材側にもそれに応えるだけの能力や見識が求められています。全国の中小企業にはまだまだ顕在化していない、大企業経験者のシニアの活躍の場が無限にあるのです。次章以降でさらに具体的なお話をしていきます。

このあと、第3章から第5章まで、企業の労働生産性を高めるための経営改革について話します。そして第6章から第8章までは、働く我々個人が自分の人生の後半のためにも企業の生産性の改善にどう向き合えばいいのか、について話します。

【第2章のまとめ】

企業を襲う3つのマイナス環境

「労働生産性の低下への3つの懸念」以外に浮上した問題

■第1に消費税軽減税率はどうなのか?

消費税の増税で、どれが軽減税率に該当するのか判断が煩雑。普通の人がいちいち覚えるのが面倒な税率のルール。企業側の事務・作業負担が大きい。

■第2に最低賃金の引き上げは中小企業の死活問題

最低賃金の引き上げで、政府は約3%の引き上げを決定。最低賃金の引き上げは、可処分所得が増え、景気刺激となる。ゾンビ化した企業の効率化が進み、労働力の移動が行われる。付加価値に占める人件費の割合である労働分配率が大企業44%で、中小企業は73%。賃金引き上げの影響は中小企業にケタ違いに大きい。中小企業のオーナーの心理も複雑。

■第3に人生100年時代の雇用環境はどうなるのか?

日本の100歳パワーは世界レベルでダントツ。人生90年時代は現在ほぼ到達している。このシルバー世代の労働参加意欲は、国としてはありがたい。65歳以降にどんな仕事をするか、大企業の管理職やスペシャリストだった人たちが、単純作業や介護仕事ができるか?

■大成功の内閣府のプロフェッショナル戦略事業

著者は内閣府の地方創生事業の一環である「プロフェッショナル人材戦略事業」に会社で4年前より参画。この事業のさらなる発展には、中小企業の社長が、外部人材の活用を生き残りのための戦略であり投資と考えること。活躍を期待される人材もそれに応える能力や見識が求められる。

第二部

中小企業の3つの経営改革と働く者の3つの意識改革

第二部　中小企業の３つの経営改革と
働く者の３つの意識改革

第３章

労働生産性を高める中小企業の経営改革　その１
『人材戦略の見直し』

前章では、政府や各自治体が、中小企業の変革のために外部人材の登用を強力に推進していることをお話しました。この「プロフェッショナル人材戦略事業」のスタートから5年間経過して既に6000名以上の外部人材が地方の企業で新たに採用されて活躍しています。

その中には、食品会社が、50代の半導体メーカーの技術者を採用して工場の生産性を大きく改善させたり、自動車部品メーカーが、同じく50代後半の家電メーカーのマネージメント人材を採用して、アジアにある子会社の社長を任せて業績を伸ばしたりと、まったく異業種から、中高年人材を採用して成功を収める実績も多数出ています。

今までの中途採用は、同じ業界の同じ仕事をしている若手の経験者採用で人材不足を補い即戦力化を狙うというのが常識でしたが、それでは、即戦力にはなり得ても、新たな視点での変革はできません。所詮は同じ穴の狢（むじな）だからです。

それに対して**今の中途採用の主流は、自分の業界よりももっと高度な技術がある業界の人材を採用したり、自分たちとは桁違いの売上や人員のマネージメントを経験した人材を受け入れて業務の大幅かつ抜本的な改善を行うこと**です。つまりこれは、ある意味では、自社の社員では成し遂げられない成長＝イノベーションを期待した採用となります。これこそが、中小企業の大幅な労働生産性を改善する重要な視点であると私は思っています。

■外部人材の採用は、労働生産性を高める特効薬になるか？

一般的に言って労働生産性を高める可能性がある施策は次の通りです。

①組織を見直したり、仕事を見直し無駄を削減する
②社員教育を行って、社員の意識改革を行う
③ＩＴを導入したり、新型の設備を導入して仕事の効率化を図る

企業の労働生産性を高めるためのこれらの方策は、様々な専門書が出版されていますのでこの本では別の視点から、労働生産性を改善する方法をお話しします。

その一つが、外部の経験者人材を新たに採用することで、企業に新風を吹き込み、新しい血を入れることで、体質を改善したり、**今の社員では不可能だったり、時間がかかる企業の成長を短期に実現**することです。

また、異業界の人材の知恵は、発想の転換を生み、**停滞している事業にイノベーションを起こす可能性**が十分にあります。

トンビが鷹を生むことはありませんが、新たな採用で鷹を連れてくればいいのです。しかもこの鷹は、狩りを覚えていない若い鷹ではありません。狩り（攻め）も巣作り（守り）も経験したベテランです。

■中高年人材の価値に気がついた社長と取り残される社長とは？

中小企業は今、前述した「プロフェッショナル人材戦略」だけでなく、人材の流動化が年々進みつつあり、それによって外部のプロ人材を活用した「人材戦略」という新たな手法によって経営革新を行えるようになって来ています。**外部のプロ人材の中途採用は、人手不足を補うのではなく、立派な「経営戦略」**ということです。まだ検討していない企業はぜひ各県にある「プロフェッショナル人材戦略事業拠点」に相談してみることをお薦めします。

内閣府の「プロフェッショナル人材戦略事業」を推進してきたこれまでの5年

間は、中小企業の経営者の人材採用に対してのともすると古びた、固定化された脳みその錆を取り、柔らかくする時期だったと言えます。

社長の頭の中にあるこの錆と固さは何かというと次の**６つ固定概念**です。

１　大企業経験者は、組織が細分化され、仕事も専門性を求められるために、一人で何役もこなす中小企業では活躍できないのではないか？　「中小企業では、自分でコピーを取りインクも補充する。そのコピー機が壊れたら自分で治さなければならない。大企業社員はそんなことできるのか？」と言ったことです。

２　中高年は、既にピークを過ぎた人たちであり、新卒社員のようには身体も頭も動かない。そもそも転職先を腰かけ程度にしか考えていないし、やる気が無いのではないか？　「朝は一番遅く出社して、机でお茶を飲みながら新聞を読んでいる。仕事をするかと思えば部下に丸投げ。夕方は、誰より早く職場から消えている。そんな社員は、職場環境的にも百害あって一利なしだよ」と言った不安です。

3　一流企業の部長や課長の年収1000万は当たり前。それに対して、中小企業は、課長で500万、部長でせいぜい700万。年収がそもそも合わないから採用できないのではないか？「仕事のことより年収のことをうるさく言う人は、うちの会社には来て欲しくない。そもそも今の給与制度では採用できないし、特例を認めたら、古参の社員がだまっていないよ」と言ったことです。

4　社員は新卒で入れて育てることが基本であり、10年、20年と仕事をすることで、仕事も覚え、会社になじんでいく。中途採用は、会社のDNAが違うので、さらに年齢が50代、60代の人はそれこそ頭が固くて変わりようがないのではないか？「新卒社員は他の会社を知らないいだろう？だから使いやすいんだよ。うちの会社の流儀は、当たり前だと思って文句も言わない。それに対して、大企業の人たちは、すぐに前の会社と比較して文句を言う。自分を変えようとしないで、自分の慣れた流儀を押しつけてくる。いつまでたっても借り物的な存在の人を幹部にはしておけない」と言った問題点を感じています。

5

大企業で課長や部長や役員をやった人は、そもそも中小企業で自ら動いて「汗」を掻いてくれるのだろうか？　「こんな商品ではそもそも売れませんとか、こんな部下を任されて実績をあげろと言われても無理ですよとか、文句ばかりじゃないの？　そうでなければ、いままでの大企業での私の経験はとても価値があるので、何でも教えてあげますから聞いてくださいとか、どうせ上から目線のコンサルタントになるのが関の山だろ？」といったオーバースペック的な心配もあります。

6

最もプロ人材採用に抵抗感が強かったのは、人材紹介会社に支払う採用費用が高いのではないかという点。そもそも地方の中小企業の経営者の中には「人材紹介会社」とは何かを知らない人がたくさんいました。そして、どういうメリットがあるかを説明しても、「人の採用は近隣の学校の卒業生や、知人、ハローワークしか経験が無く、人の採用にお金がかかるということに納得できない」ということでした。「お金かけて採用して、役にたたなかった大損害だろ！」このような経営者が全国津々浦々にたくさん存在していました。人材紹介会社は成功報酬です。採用に至らなければ費用は一切かからないのが普通です。それなのに、採用できるかどうかわからない求人広告には疑問も持たずにお金を出しているという企業の実態がありました。

このような中小企業の社長の固定概念が支配している中で始まったのが、前述した内閣府が始めた「プロフェッショナル人材戦略事業」でした。私は、その啓蒙セミナーを全国各地で行っており、述べ2000名近い経営者の方に、この事業の必要性と有効性を伝え、人材採用に対しての誤解を解き、人材紹介会社からの有料での採用が地方の中企業にも十分にメリットがあることを訴えてきました。

4年前のセミナースタート時の社長の反応は、結構厳しいものでしたが、徐々に身近な企業で採用実績が生まれ始めると関心も高まり、今では一歩進んで、どうしたらプロ人材を採用できるのか、どうしたら定着して活躍してくれるのかといったセミナーに関心を持っていただいております。そしてプロ人材の採用で成果を上げた企業では、追加でもう1名、さらに他部門でももう1名と複数採用する企業も増えてきています。「人材紹介は求人広告よりも全然コストパフォーマンスがいい」「これからは人材紹介だけを使うようにしたい」こんな社長の声も何度も聞けるようになりました。

50代、60代の多くの中小企業の経営者は、自分の体力と精神力の衰えを感じると、同年代や年上の中高年の労働生産性に疑問を感じてきます。さらに、定年までの残りの年数の短さを考えると高い年収を払って中高年を採用しても見合わないと感じてしまうようです。

確かに終身雇用、年功序列での会社環境化で、そもそも60歳定年で男性の平均寿命が70歳代の昭和の時代や平成の初期は、社員は「若いころはバリバリ働き徹夜も辞さないが、45歳を過ぎたら、その分少し楽をさせてもらいたい。会社での後半は、管理職として業績管理や後進の育成を行うことに時間を費やしたい」という意識がありました。

初老という言葉が40歳を表していることに、それほどの違和感がない時代でした。それが変化したのは、１９９０年代のバブルの崩壊後です。会社は、業績悪化や倒産を理由に猛烈に中高年を転職市場に吐き出し始めました。そして、そこで中高年は一歩会社をでると自分の価値が半減どころか見出せないことに気づき始めました。

以前と同じ給与を確保できる人はほんの一握り。私の知り合いの一部上場企業の事業部長も定年後には正社員の仕事にはありつけず、アルバイトでスーパーの自転車置き場の整理をしている方もおりました。こうした先輩社員の厳しさを見聞きし、バブル崩壊、リーマンショックという100年に一度級の厳しい経験をしてきた今の中高年は、決して昔とは違います。しかも60歳代でもバスや電車で席を譲られるどころか、進んで立つほど中高年の意識も変化しています。

中高年のプロ人材候補者は今までの企業での経験を棚卸しして、転職した場合の自分の価値を見出そうとしています。そして、**「自分の価値を認めてくれるところであれば、仮に年収は下がっても、場所は地方でも転職して勤務したい」**。これが今の中高年の基本的な考え方です。

従って前述した中小企業経営者の中高年採用へのネガティブな視点は過去の遺物に近いのです。もちろん転職者の中には、まだまだ大企業病を引きずっている方もいますが、それは、採用の仕方によっては見極めが利き、選別可能な問題です。要するにやる気も能力もない人、上から目線のコンサルタント的な人は面接で排除すればいいのです。

この点は人材紹介会社も重要な役割を持っています。人材紹介会社は、紹介する候補者の能力や経歴を保証することはしませんが、事前の面談などで、経歴を直接確認する面談を通して大企業病などの問題を感じる人材は事前に排除しているのが普通です。最終決定は採用側の社長が責任を持ってする必要がありますが、第一次選考は人材紹介会社が代行しているようなものとご理解いただきたいと思います。

■大企業人材は、超お買い得人材だった！

中小企業と大企業の違いは何か？　この答えの一つが、広義の社員教育だと思います。

明確なデータはありませんが、新卒時の新入社員教育にかける時間とコストは大企業と中小企業ではかなり差があるものと思われます。中小企業では、そもそも教育する専門部署が無いために、教育は属人的になりがちであり、また、外部の教育サービス機関などが行う「企業のＤＮＡ」などを勘案しない一般的な教育に依存しているところも多いと聞きます。つまり、概ね新入社員の研修が終了する入社３カ月後や半年後には、既に企業規模によって、社員の意識・能力・知識に差が付いている可能性があります。

さらに、大企業の中高年の採用の重要なメリットは、教育という概念ではとても測れない、職場環境から得られる企業や組織の運営経験です。つまり、大企業社員は、意識していなくも20年、30年の勤務経験で、会議の在り方、報告書の書き方、上司同僚との付き合い方、部下のマネージメント、ＫＰＩの設定と運用、ＰＤＣＡの活用など様々な経験を積んでいます。さらに、経理部などの間接部門や営業所や工場、研究所などの高度に専門化された組織の効果的な運営も体感・体得しています。昇格試験などでの勉強を通して得られる業務知識も比較になりません。また、社員以外のお客様や取引業者などのステークホルダーの質も量も違います。そして私が感じる一番の大企業のメリットは同期や先輩などの優秀な人材との出会いから得られる自己啓発があることです。もちろん中小企業の中に大企業を凌ぐ教育があり経験を積め、良い人材との交流できるところもあるとは思いますが、一般的にはこのようにありとあらゆることが、中小企業とはレベルが違うのが普通です。

もし、このような勤続年数分の有形無形の教育を金銭的な価値に表したら、どのくらいになるでしょうか？　そもそも**中小企業ではお金を掛けても得られないプライスレスの価値をたくさん持っている人材が、大企業の優秀な人材**なのです。

そしてこの人材（経験と時間）が、お金を出せば簡単に手に入るのが、中途採用なのです。

繰り返しますが、ここではネガティブなミスマッチの採用の失敗を心配することはひとまず置いておきましょう。まずは、自社ではとても育てられない得難い人材が、人材紹介などを通してあなたの企業でも採用することができるという事を知ってください。

■「戦略人材採用」は、人件費と採用経費でなく、投資と割りきる

プロ人材の仕事とは、前述したとおり、自らの行動と社内の人材への直接・間

接の影響を与えることで、例えば、管理部門なら大幅な業務の効率化と業務レベルアップを実現し、商品開発なら新たな取り組みでヒット商品を作りだし、営業部門なら人脈を活用し、今まで手に入らなかった営業先の開拓を行うことです。あるいは、現在の企業の人材、設備、商品、顧客を見直して新規事業をスタートさせることです。

このように超優秀なプロ人材は、今いる社員の誰かと置き換わるわけではなく、増員というレベルでもありません。企業をぐいっと前に押し出す力、あるいは企業の向きを変え、ステージを変えてしまうほどの力があるのです。

このような人材を採用するに当たって、今までの課長や部長の置き換え人材採用と同レベルで処遇を考えることは、そもそも採用の効果を半減させてしまいます。多くの採用失敗企業は、この間違えた、もったいない採用の考え方でみすみすいい人材を逃してしまっています。あるいは、採用したあとに、その人材の処遇が悪く活かしきれていません。結果的に社長は人材採用を失敗と感じてしまいますし、転職者としても大事な人生に汚点を残しかねません。要するに、戦略的な人材採用は普通の採用ではないということをしっかりと社長も関連社員も認識しておかなければならず、置き換えや、増員でないということは、経理的には人件費や採用経費としてカウントしても、社長を始め経営陣は、**会社の命運を掛けた投資と同じ意識を持つべき**です。１０００万を掛けて人材を採用して、数年後に1億円の価値を生めば、投資は大成功ということです。

その採用に当たっては、社長が会社のどの部門に、どんなことを最大限期待して採用をするかということをしっかり事前に決めていただきたいと思います。プロ人材の採用は、置き換え人材や増員人材とはまったく違うミッションが必要だということを認識していただきたいと思います。

■人事制度と給与体系の見直しも必要

最近の新聞報道で新入社員の年収が大幅に見直されている記事が多くなっています。

第四次産業革命による人材採用競争の激化などが背景ではありますが、年功序列の賃金体系がここにきて本格的に変化していることがわかります。

内閣府のプロフェッショナル人材戦略事業を推進していても、どの地方でも問題になっているのは、地方企業と首都圏企業との年収の格差です。

日本は東京以外にどこかの地域の年収が東京並みに高いという地方はどこにもありません。例外なく東京以外はかなり低いのです。その差は、同じ年齢と同じ管理職として、約7~5割程度の低さです。大企業で年収800万の課長クラスは、地方では、400~600万程度でしかありません。これでは、大企業の課長クラスを格上げして部長として採用しても現状維持はなかなか難しいのが実態であり、せっかく紹介して面接しても結局年収が合わずに、辞退や見送りとなることが大変多いのです。

この問題は、先ほども指摘した通り、今の企業は人材の採用を置き換え人材か増員レベルでしか考えていないことで今の給与体系をそのまま適用するからです。新卒の優秀な人材を採用するために年収を1000万も出す大企業も誰でも彼でも出すわけではなく、その人材が経営戦略的に重要人材であり、単なる新卒と違うから別な給与を準備するという考えです。

であれば、企業の労働生産性を抜本的に高める可能性がある中途プロ人材も戦

企業規模と年間休日設定数の相互関係について

調査対象：2019 年 4 月以降に求人募集している全国の中小企業 142 社〔アクティベイト（株）調べ〕

企業規模（サンプル企業数）	1名～10名（11）	11名～30名（27）	31名～50名（19）	51名～100名（34）	101名～300名（39）	301名～（12）
平均年間休日数	97. 9日	102.8日	104.5日	105.6日	109.7日	114.7日

略的な人材採用であり、他の社員と同レベルで扱い、処遇すべきではありません。地方の中小企業もそのぐらいの覚悟を持っていただきたいと思います。むろん大企業の１０００万の新卒も同じですが、採用したからと言って必ず貢献するとは限りませんが、少なくとも採用者に対してきちんとミッションと処遇を説明することで、採用された本人も自分の期待されている立場を理解するはずです。

もう一つ優秀な人材の採用を難しくしているのが、中小企業の休日日数の少なさです。

上場している大企業はだいたい１２０～１３０日程度の年間休日となっているところが多いのですが、私が調べた上記の表を見てください。中小企業は、10日から20日も年間休日が少ない現状がわかります。実際に年間休日80日代の企業もまだ存在しており、これでは、優秀な大企業人材どころか、現場労働力人材の採用も絶望的と言わざるを得ません。今までの人事制度や給与制度の踏襲や小改良では、今後あらゆる人材から見向きもされない事態となります。

人手不足と嘆く中小零細企業の社長は、「給与も低くて、休みも少ない」ということの実態の改善が会社存続のための緊急かつ重大な問題と考えなければいけません。

■現在の社員の「見直し」を行う

今まで、大企業経験者のプロフェッショナルな中高年人材を戦略的に採用して労働生産性を高めるお話しをしてきましたが、実は順番からするとまず必要なことは、今の社員の見直しをすることです。

現有社員で労働生産性を高めることを社長はまず考えなければいけません。まず第一に会社を支える経営幹部です。もし、この幹部人材、役員人材に社長が納得できない人がいるとしたら大きな問題です。いかに親族であると、最古参のお世話になった先輩であろうと、ともに会社を創業した仲間であろうと妥協していていいのでしょうか？　その結果会社が発展しないとしたら？

役員や幹部とは一度、場所を変えて徹底的に話合ってみる必要があります。社長が見えていない問題を抱えていたり、新たに有効な提案があるかも知れないし、逆に決定的に能力不足が露呈するかもしれません。いずれにしてもきちんとした先のビジョンを持っておらず、うまく行かないことを他人のせいにしたり、批判するような幹部は二流です。社長が求める最高の幹部の姿を想像して面談してみることをお薦めします。その上で今後の会社運営に物足りない幹部であれば、次にお話する教育を行うか、新たに経営経験のある優秀な人材の採用を検討することです。

■会社と社長を支える人材を再教育する

ここでの教育とは、外部講師による若手や中堅社員の教育のイメージではありません。対象はまず経営幹部であり、次に上級管理職です。

勉強会や方針検討会などの名目で社長が自ら行うことで、社長の意志の再徹底を行い、また、参加者の意見を言わせて全体の意思統一を行うと同時に社長としては現状の問題点の把握と問題人材の把握を行い、すぐに「その場教育」を行うといいと思います。場所は会社の会議室ではなく、研修施設とか、ホテルや貸会議室などが気分が変わって効果的です。

労働生産性の抜本的な改善に関連したテーマや自社のイノベーションの可能性などのテーマで行ってみたらいかがでしょう。

■会社を成長させる人材を、集中配置する

もうひとつ現有社員のパフォーマンスを上げるヒントがあります。ベインアンドカンパニーのマイケル・マンキンスとエリック・ガートンの著書「TIME TALENT ENERGY」の中に面白い記述があります。

それは、企業の競争力を高める人材の活用方法です。

そこには二つのことが書かれていて、過去の人事制度を踏襲をしている頭の固い中小企業経営者には驚くような人の使い方です。

一つは、人材の中で、組織の使命を理解して、戦略を実行に移せる人材を見出し、

今いる組織とポジションではなく、その使命とミッションを最大の効果を発揮できる所に配置するということです。現在役職でない社員でも抜擢し、優秀な上司がいる戦略的なポジションに配置したり、今までにない組織を新設して配置するなどが考えられます。しかも古参社員のやっかみや邪魔が入らないところにです。

もう一つは、**優秀な社員を集めた「オールスターチーム」を編成し、戦略的に特に必要な仕事や売上に大きく貢献する仕事をさせる**ことです。ともすると優秀な社員を、一人は工場に、一人は東京支店に、一人は経理部に、一人は社長室にとバラけて配置をして、普通の社員の底上げとダメ社員の監視にあたらせたりしているものです。

しかし、これは会社の重要な戦略を考えた場合にも人的資産の活用上ももったいない配置です。組織的に直ちに動かせない場合は、プロジェクトベースの仕事でそれらの優秀な人材を全員参加させてもいいと思います。この本によると、オールスターチームの生産性に与える効果は、直線的ではなく、幾何級数的に増えると言います。つまり、優秀な人同士の交流は、お互いの刺激によってアイデアの質も量も増えて一人では思いつかない独創性やアイデアが生まれる可能性があるのです。

■優秀な人材を、その分野で「日本一」にする

先ほどの優秀な人材配置の話でもおわかりの通り、ポテンシャルのある人材も活用を間違えるとまったく光らないままで定年を迎えてしまうことにもなりかねません。どんなにポテンシャルのある人材でも、今いるところでいくら「頑張れ！」といってもおそらく結果はでないでしょう。

才能は、能力もやる気も無い社員の隣や、生産性の発揮しようもない部署で育つことはないでしょう。本人がある分野のスペシャリストを目指していて、会社としても望ましいと思うなら、その分野で日本一をめざすくらいの教育機会を与えてみてはどうでしょうか？

結局のところ、会社では全社員が皆超優秀ということはありえませんから、**少数の光る人材をその分野のスペシャリストに育て、さらにプロフェッショナルに、最後はオンリーワンのレベルにまで押し上げて、自社にそのような人材が何人い**

るかだと思います。そのような人材は、外部の超一流人材と交流をするはずです。社内では決して得られない知恵をそのような人材を通して手に入れることはプライスレスの価値です。

なぜ、このような話をしているかというと、多くの中小企業社長が社員に対して持っている問題があるからです。

それは、社員を平均的に公平に育てようとする意識、あまり育て過ぎると他社から引き抜かれたり辞めたりすることを心配する意識、自分の能力を超えて欲しくないという意識です。このような社員にたいして了見が狭い意識を持っているとしたら、労働生産性の改善についても実は社長の意識の中にどこか、変革を望まない保守的な心があってそれが邪魔しているのかもしれません。労働生産性も社長の意識以上には良くならないということです。

【第３章まとめ】

労働生産性を高める中小企業の経営改革・その１
『人材戦略の見直し』

「プロフェッショナル人材戦略事業」のスタートから５年間経過して既に 6000 名以上の外部人材が地方の企業で新たに採用。

■外部人材の採用は、労働生産性を高める

労働生産性は、組織を見直したり、仕事を見直し無駄を削減、社員教育を行う、ＩＴを導入といった仕事の効率化を図る方策で改善する。一方、外部の人材によって、今の社員では不可能だった企業の成長を実現できる。

■中高年の人材価値の再認識が進んでいる

社長の頭の中には、固定観念がある。大企業は組織が細分化され、仕事も専門的、中高年は既にピークを過ぎた人たち、一流企業の部長や課長の年収は高い、社員は新卒が基本、大企業で課長や部長や役員をやった人は「汗」を掻いてくれない、人材紹介会社に支払う採用費用が高い、といった6つの点。今、転職者は変わった。きっかけは 1990 年代のバブルの崩壊とリーマンショック。転職した場合の自分の価値を見出そうとした。

■大企業人材は、超お買い得人材

教育という概念ではとても測れない、職場環境から得られる企業や組織の運営経験がある。

■「戦略人材採用」は投資と割りきる

プロ人材採用は、置き換え人材や増員人材とはまったく違うミッション。

■人事制度と給与体系の見直しが必要

■現在の社員の「見直し」を行う

■会社と社長を支える人材を再教育する

■会社を成長させる人材を、集中配置する

■優秀な人材を、その分野で「日本一」にする

第二部　中小企業の3つの経営改革と
働く者の3つの意識改革

第4章

労働生産性を高める中小企業の経営改革　その2

『オンリーワン戦略でブルーオーシャン市場をめざす』

■中小企業の労働生産性向上には「限界」がある

中小企業が大企業と比較して労働生産性が低いのは、一般的に、一つの原因として労働分配率が高いことから労働集約的であるからだと考えられます。日本商工会議所によると、付加価値に占める人件費の割合である労働分配率が大企業で44%なのに対して、中小企業は73%に達しています。大企業並みの生産性にするには、4割の改善をしなければなりません。印象として倍と考えていいと思います。中小企業はＩＴ化が遅れていたり、機械や設備が最新鋭でないため、確かに人の作業が多いこともあるでしょう。経済財政白書によると、ＩＴを使いこなす人材が就業者に占める割合は日本が1・8%と欧米の3～5%の半分以下となっています。さらに、日本はこうした人材の7割強がＩＴ系企業に集中していますが、欧米では3割から5割ほどで幅広い産業でＩＴ化を担う人材が活躍しています。これは大企業も入れた数字ですので、ＩＴ企業以外の一般の中小企業に働くＩＴ人材は極めて少ないことが推測できます。

今回の働き方改革を契機にしてこういった部分にもメスを入れていく必要があ

りますが、このような構造的な問題を一気に解決して労働生産性を高めて行くのはそれなりに資金もかかります。

私が、中小企業を見て感じることは、大企業と同じことをしていて生産性が悪いということではありません。**そもそも事業として取り組んでいることが、どうやっても労働生産性が高まらないところにいるのではないか、**ということです。

つまり、労働集約から抜け出せない仕事であるとか、そもそも付加価値をつけにくい仕事であったり、下請け的で単価を改善できないなど、自社ではなかなか解決できないところにいたとしたら、今回の働き方改革で休日を増やし、残業を減らして、その分新たに人を増やし、しかも最低賃金の上昇で人件費が上がったら、先はどうなるのかという心配です。

組織や業務を見直し、一人ひとりの仕事の無駄を省くことが必要と、どの働き方改革の本にも書いています。確かにそれも必要だと思います。

私は中小企業は、もともと人数も少なく、組織もシンプルで、オーナー企業であることから、組織間や社員間の意志疎通を行う会議も業務も少ないと思っています。さらに上場企業に求められている様々な法的規制の影響も少ないし、コンプライアンスなどの問題もそれほど神経質である必要がないために、組織が仕事に直結する体制ができていて既に効率的であり、既存の仕事の見直しにも限界があるようにも感じています。

朝日新聞デジタル（２０１９年４月21日）には、パーソル総合研究所と立教大学の中原淳教授の調査結果として、１万人規模の企業ではムダな会議に１年間に約67万時間、金額にして約15億円も費やしているとの推計が書かれていました。

このように大企業では会議の時間を減らすために何度も会議をしても、結果として削減効果がでれば、それは莫大なコストダウンにつながりますが、そもそも、会議が少ない中小企業で、同じ時間を掛けて「会議時間を減らす会議」をしていたら、どっちが得かわかりません。もちろんそういう努力も必要なことですが…。

このように考えてみると、**中小企業の労働生産性の大幅な改善をめざすとしたら、内部の改革ももちろん必要ですが、自社の方向性、つまり、どのお客様に何をどのように提供しているかが一番影響している**と感じます。

働き方改革の推進は労働生産性の改善が必要であり、つまるところ今の事業そのものを見直すことが必要ということです。

このようにお話すると、経営者からは、「うちの創業からの経緯も知らずに夢みたいなことを言うのはやめて欲しい。ようやくたどり着いた今の事業無くして企業は成り立たない。そもそももっと儲かる仕事があればとっくにやってるよ」というお叱りの声が聞こえてきそうです。

そのような声が多数上がることを承知であえて中小企業の社長に聞いていただきたいことがあります。

それがこの章のテーマである「ブルーオーシャン市場に向かうオンリーワン戦略」です。

■レッドオーシャン市場とブルーオーシャン市場

まずブルーオーシャンについてお話しましょう。

ブルーオーシャン戦略とは、ウィキペディアによると、欧州経営大学院のW・チャン・キム教授とレネ・モボルニュ教授が著したビジネス書が契機とのことで、その後数々の関連した本が出ており、かなり普及している経営戦略用語です。

ブルーオーシャンとは、レッドオーシャンと同時に反対に使われ、簡単に言えば今の自社の事業がどのような市場にいるのかということです。

レッドオーシャン市場とは、「赤い海、血の海」から想像される極めて厳しい環境で仕事をしているということです。

私はこのレッドオーシャン市場を**4つ**に分けて考えています。

一番目は、レッドオーシャンというと一般的にはこの定義ですが、みんなが群がっている競争の厳しくライバルの多い市場のことです。

誰もが儲かると思って参入している市場や、簡単なノウハウや設備で事業が可能で参入障壁の低い市場のことです。

ところが、この競争の厳しい市場の概念も最近変わってきています。

それがレッドオーシャン市場の**2番目**の一人勝ち市場の出現です。

競争が厳しくてもなんとか薄い利益ででもやっていけてればいいのですが、一人勝ちが起こって、2番手、3番手が市場から消えて行くことがあり得る世界になっています。古くは、皆さんご存知のビデオカセットデッキ市場が、ソニーのベータ方式とパナソニック陣営のＶＨＳ方式の戦争で、結局ＶＨＳしか残らなかったことや、パイオニアなどの陣営が一時市場を席巻しかけたプラズマディスプレイが、液晶テレビに負けて今や一切無くなってしまったというようなことです。

この一人勝ち市場がネット社会の影響でさらに拡大しようとしています。ネット検索で一番上に表示されたところだけが生き残るということになりかねません。

市場に距離的、時間的なバリアが無くなった商品やサービスが危険です。今話題の「楽天ペイ」「PayPay」「LINE Pay」などのスマホ決済方法も、トップにならないとあっという間に消えてしまう可能性があるのです。「セブンペイ」も不正利用問題があったとは言え、復活は難しいとの判断で早くも市場から姿を消しています。

また、レッドオーシャンの**３番目**として、競争という観点ではなくても、販売先・購買先・発注先が限られていたり、レアアースのように原料供給に自社での努力が及ばない危険性を持っているところも同じです。下請け的企業や誰かに命綱を握られている企業は現在儲かっていてもレッドオーシャン市場の可能性があります。

最後の**４番目**のレッドオーシャン市場は、先行きの無い市場です。近い将来、消えてしまう市場や会社のことです。実は4番目のこの危険な市場が今後大問題になる可能性があるのです。それが、第四次産業革命によるテクノロジーの進化で起きる現在の仕事の消滅です。この革命は、大量生産、大量消費時代を終焉させると言われています。自動車メーカーが巨大IT企業の傘下になるなどの話がまことしやかにささやかれています。

AIとICTの発達のスピードは想像を超えています。

生産メーカーだけではありません。サービスや小売分野でもAIの影響が出始めており、既に広告やニュースでも自分が望む情報のみが入ってくるようになっていますし、個人の検索内容と位置情報から、全社員の動向をAIが把握し、企業そのものが評価されてしまう可能性も出てきています。ある会社が、頻繁に転職情報を見ている社員が多く、心療内科に通っている社員が多いとAIが集計すると、この会社はブラック企業だと判断されてしまうかもしれません。

レッドオーシャンの逆のブルーオーシャン市場とは、青くきれいな海のように、存在することが気持ちのいい市場です。何かの理由で、例えばまだ誰も気づいていないとか、誰も追いつけない技術力や市場独占力のある契約などがあるなど、ビジネスモデルが競争が少なくて儲かる市場のことです。

これでおわかりでしょうか？　私が中小企業経営者にお話したいことは、第四次産業革命などこれから押し寄せる危機に対応するために、**働き方改革を契機に自社のビジネスを見直して競争の少ない、儲かる市場であるブルーオーシャン市場をめざす**ということです。

「そんなことが簡単に思いつくなら苦労はしないよ。誰もがブルーオーシャンを目指したら結果的にその市場はレッドオーシャンになるじゃないか」

お気持ちはよくわかりますが、それでは、このままレッドオーシャン市場で事業を続けるのでしょうか？　時代は、想像以上に早く展開しています。今の事業が、先ほどの**４つのレッドオーシャン市場**のどれかではなく、すべての厳しさにさらされてしまうかもしれません。

■めざすべきはオンリーワンの道

では中小企業がめざすべきブルーオーシャン市場への道はどうすれば見つかる

のでしょうか？

それが誰も競争相手のいない**オンリーワンの会社**をめざし続けることだと私は考えています。

オンリーワンとは、正確に言えば、まったく競争がない状態です。あるいは競争とは無縁の意識です。ですから市場を調べつくして誰もやっていないことを探す差別化戦略も広義のオンリーワンかもしれませんが、私は、オンリーワンは、人との比較で見つけたり、自覚するものではないと思っています。**競争相手がいるかいないかではなく、そもそも当社は誰に何をしたいのか**ということです。他社との違いは結果的にできるものです。結果的には、よく似たことをしている会社が有るかもしれませんが、そんなことはどうでもいいのです。自らの意志で事業を考えて進めた結果は、心配しなくてもまったく何から何まで瓜二つなんていうことはありません。ですから人真似ではなく、企業が、自らの創業ＤＮＡと現在の社長の意志でいったいどうありたいか、というところをスタートラインとしてもらいたいと思っています。

「ちょっと待ってください。それは社長が勝手に決めることですか？　社員の能力や今の設備、取引先など当社の強みを活かして、皆で考えることではないですか？」

確かにそういう意見も正しいとは思いますが、正しいかどうかではなく、ここは、社長が本気になるかどうかです。どんなに社員がもりあがったところで、オーナーである社長にその気がなければ絶対に失敗します。中小企業とは、だからイコール社長なのです。この働き方改革のトレンドをしっかりと受け止め、不退転の決意で企業の体質改善や事業そのものの見直しをする覚悟を社長自信が持つ必要が絶対に重要です。

このような小手先ではない、企業の在り方を変えなければ生き残れないという危機感は、社長以外には持ちようがありません。社長が危機感を訴え、そしてさらに重要なことは、単に厳しさばかりを煽って社員の気持ちを萎縮させるのではなく、この機会に事業そのものを見直して「皆でブルーオーシャン市場を目指そう。そのためにオンリーワンビジネスを作りだそう」と明るい未来と方向性を見せる必要があります。ここがこの働き方改革のまさに核心のところで、おそらく政府もここに行きつくことで、厳しい状況を打破していくことを私たち実務者に期待しているのだと思います。

■オンリーワンになるための2つのポイント

さて、ではブルーオーシャン市場をめざすオンリーワンビジネスはどのようにして見つければいいのでしょうか？

次にそのヒントをお話したいと思います。

オンリーワンビジネスをめざす上で重要なことは、**2つ**あります。

まず、イノベーションを起こすということです。

イノベーションとはいったいどういうことを言っているのか？

リノベーションと何が違うのか？

この点について、大変貴重な記述があります。

それは、ネスレ日本の代表取締役社長兼ＣＥＯの高岡浩三氏とマッキンゼーの伊賀泰代氏の対談記事「イノベーションは技術以外でも生み出すもの」にあります。

私なりに要約すると、顧客の問題解決こそがマーケティングであり、マーケティングにおいて解決できるものがリノベーションであり、**顧客が気づいていない問題を発見してそれを解決した時に、それをイノベーションと言う**ことです。これは、目からうろこの話です。顧客がまったく望んでもいないことを成し遂げて貢献すること。これがイノベーションであり小手先の改良をしてもそれは、リノベーションのレベルだということです。

従って、いくらマーケティングしてもイノベーションのヒントは見えてこない可能性があるというのです。

じつに深い話です。

チキンラーメンやカップヌードルを発明した安藤百福さんの話は、ＮＨＫの朝ドラにもなった有名な話ですが、まさにイノベーションです。発明しても市場は当初ピンと来ていないのですから。もしかしたら従業員でさえこれほど全世界に広まるとは思ってもいなかったのではないでしょうか？

このようなイノベーションの話をすると大変ハードルが高くて、いつひらめくかわからないし、偶然の幸運にでも恵まれないとたどり着けないように感じます。たしかに私も正論を言い過ぎたかもしれません。

もう少し柔らかく考えてイノベーションの起こし方を探りたいと思います。

実はイノベーションについても実にたくさんの本が出版されています。どれを読んでもうなずくことだらけですが、とても参考になる考え方をまとめてみます。

①組織の多様性がイノベーションを生み育てる環境にいい

②個人というよりも、前章でお話したとおり、オールスターチームを結成し、優秀で想像性を発揮する人材のチームの意見の交換で起こる

③常識的ではない、異質の人材が重要。優秀な外部人材はその人の能力だけでなく、その人脈も活用できる

④イノベーションは突然思いつくと思いがちだが、実は、考えに考えていろいろと失敗も経験し、実行した結果たどりつくこともある

⑤そして、リクルートワークス研究所の副所長の中尾隆一郎氏が「イノベーションが続く企業、なぜパクリが得意なのか」という記述では、「いいものを徹底的に真似をし、パクってその上をめざすことで到達する」と言っています。リクルートらしい発想ですがある意味では少数の特別の人だけができることではなく、誰でもやればできる方法で時間も費用も節約できますからやってみる価値はあります。

■創業の原点に、オンリーワンのヒントがある

オンリーワンビジネスを探すもう一つの方法は、「会社のＤＮＡ」を今一度明確にしてみることです。「会社のＤＮＡ」とは創業時の社長の想いと言い換えてもいいかと思います。

社長はなぜ会社を創業したのでしょうか？
どんな夢を持っていたのでしょうか？
最初のビジネスは誰に何をどのようにして届けたのでしょうか？
何を特徴にしていたのでしょうか？
今に至るまでにどんな苦労があったのでしょうか？
そして今何に満足していて何に不満があるのでしょうか？

会社の創業はたいていリスクが有る中で始まります。お金をたっぷりと持っていて創業する人は稀です。自己資金と借金を合わせて最初の資金だけでは半年も

持ないという感じです。倒産したら社長は全てを失い、家族もろとも路頭に迷います。

創業社長はどうしてそんなリスクを取っても事業を始めたのでしょうか。ここにヒントがあるはずです。

そして事業の継続は創業以上に大変なことだと思います。様々な苦労を乗り越えても存続しているということは社会に貢献していると言うことであり、誰かに必要とされているということです。

こういった「会社のＤＮＡ」を改めて見直した時に今の会社の在り様を社長としてどのように思うかです。

もしかしたら、本来やるべきこと、やりたいこととかけ離れて、単に売上のためだけでやっていたりしていないでしょうか？

私は前述したとおり、**オンリーワンというのは、差別化ではなく、本当にやりたいこと、やるべきことに気づき、そこに向かうことだと思います。そしてそれには、まず社長が夢を持ち、ワクワクするべき**だと思っています。

この章の最後にオンリーワンと労働生産性の改善の関係についてお話したいと

思います。

本末転倒の話かもしれませんが、私はオンリーワンが労働生産性の改善に直結するとは思っていません。オンリーワンは経営効率を求めるものではないからです。もしかするとオンリーワン企業の商品はまったく生産性の悪い「手作り」なのかもしれません。

しかし、オンリーワンの企業として存続しているということは、押し売りするのではなく、顧客に選ばれている企業となるはずです。そうであれば、価格で勝負する商品やサービスではないということです。

競争に晒され、また下請け的なレッドオーシャン市場にいる企業より、生み出される付加価値が高いと言えます。

また顧客に選ばれているオンリーワン企業の社員は、おそらくレッドオーシャン市場で戦々恐々としている社員よりも、会社や自分の仕事に対してのエンゲージメント（愛着）とモチベーション（自主性的なやる気）が高いのではないでしょうか。

【第４章まとめ】

労働生産性を高める中小企業の経営改革・その２
『オンリーワン戦略でブルーオーシャン市場をめざす』

■中小企業の労働生産性向上には「限界」がある

中小企業が労働生産性が低いのは労働集約的だから。ＩＴ人材は日本で 1.8%。構造的な問題を一気に解決するのは資金もかかる。中小企業は少人数で組織もシンプルで、既に効率的である可能性もある。

■レッドオーシャン市場とブルーオーシャン市場

レッドオーシャンは競争厳しくライバルが多い市場。一人勝ち市場。自社での努力が及ばない市場。そして先行きの無い市場。ブルーオーシャン市場とは、青くきれいな海のように、まだ誰も気づいていないか、独自の技術力や市場独占力のある場合。競争が少なくて儲かる市場のこと。これからは、ブルーオーシャン市場をめざそう。

■めざすべきはオンリーワン

■オンリーワンになるための２つのポイント

ひとつはイノベーションを起こすこと。顧客の問題解決がマーケティング。それで解決できるものがリノベーション。顧客が気づいていない問題を発見し解決するのがイノベーション。組織の多様性がイノベーションを生み育てる。オールスターチームで想像性を発揮。常識的ではない、異質の人材が重要。イノベーションは考えに考えて失敗を経験、実行した結果たどりつく。人真似も効果あり。

■オンリーワンは創業原点に戻ってみる

２つ目は、創業の原点に「会社の DNA」があり、それがオンリーワンのヒントとなる。

第二部　中小企業の3つの経営改革と
働く者の3つの意識改革

第5章

労働生産性を高める中小企業の経営改革　その3

『社長の10／10意識』

いままで第3章、第4章と、中小企業が働き方改革に向き合っていくためには労働生産性の改善が必要であるが、そのためには人材戦略の見直しと、そもそも抜本的な改善のためには、「ブルーオーシャン市場を目指したオンリーワン戦略」が必要だということを話してきました。

働き方改革を成功させるためには、無駄を排除するだけでは、中小企業では効果は不十分であり、もっと会社の在り方そのものを変革する必要があると考えているからです。

そしていずれの取り組みも社長のリーダーシップが不可欠だと繰り返しお話をしてきました。

別の言い方をすると、**働き方改革で問われているのは、「社長」そのもの**だとも言えます。

社長が変わらなければ、社員は動きませんし、社長が今とあまり変わらないところで意志決定し号令をかけたところで、労働生産性の改善はたかがしれています。

そもそも社長の目標が低くければ、それ以上にはならないでしょう。

中小企業が大企業と互角に戦い、存在価値を見せつけるには前述したとおり今の倍の労働生産を目指さなければいけないのです。それほどまでの変革を成し遂げるには、中小企業の社長も今の倍以上の「何か」が必要ではないでしょうか？

従って、この章のテーマは「社長」そのものになります。

■社員から、外部から認められてこその社長

中小企業の社長のやるべき仕事とはなんでしょうか？

私自身も会社を経営していて、利益が出てほっとしている時もいろいろな問題に直面している時も、このテーマを考えてきました。

中小企業にとってオーナー社長はものすごい権力を持っている存在です。

極端に例えて言えば、憲法を作り、いつでもそれを書き換えられます。方向性を決め、文化を作り、人を採用し育て、事業に向きあいます。

しかし権力があるからと言ってなんでもかんでも傍若無人に振る舞うことができるかと言えば、短期的にはできても長期的には不可能です。社員やお客様、仕

入れ先も含めて誰もついて来なくなるからです。社員に認めらなければ社長としての権力行使は、裸の王様です。わがままに振る舞って、社員の気持ちを損ね続ければ、会社は発展しないし、倒産するかもしれません。お客様や仕入れ先などとの関係も同じです。

他社よりもダントツに有利に安定的に買っていただき、仕入れをするためには、ごまかしや無理強いは通用しません。そもそも自己中心的すぎる買い叩きなどは、仮に担当者が行っていたとしても、会社の姿勢を疑われ、ひいては社長の人間性も良くは思われません。

自分の居心地や利益を優先して考えることは社員にも外部にも嫌われることになり、結果的に社長が一番困ります。中小企業の社長は自ら社会性を持つ姿勢で会社を運営し、外部からも社員からも少なくてもその点だけは尊敬されなければいけません。社員だけでなく周りからも愛されてこそ、自社の存続と発展が続くのです。

社員の存在とその社員から尊敬され認めてもらってこそ社長は存在できます。

ではいっそのこと悪しきワンマン社長にはなりたくないと自分を捨てて、一見いい人になるという選択はどうでしょうか？

社員にいい顔をしてなんでも聞き、幹部社員に権限移譲をしてまかせればいいかと言うと、実はそれも、正解ではありません。社員は正解、正論を言うとは限らないからです。社員は保身のために、自分に都合がいいように話すから信用できないというのも残念ながら無くはないことですが、もう少しレベルを上げて話すと、社員の持つ情報と社長が持っている情報とに差があること、情報収集も活用もその人の能力と感性が影響していること、それから何を目指しているかによって情報からの判断が違ってくるからです。

副社長や専務も、例えばその人の生きざまが弱気であれば、弱気な情報収集となり判断や行動もそうなるでしょう。さらに、そこに目に見えない部下との関係性や自分のめざす会社や人生の方向性にも影響されています。ですから社員の真剣なとても正しい意見も会社全体としては正解ではないこともあります。

社長は社員の意見についてそうした個々の社員の立場や性格などを勘案しながら、いろいろ参考にして会社をコントロールしています。

また、社長とナンバー２の考えに差があるのは、当然なのであり、差があるからナンバー2は頼りないという話ではまったくありません。**社長は社長以外とはまったく違った思考と判断をする存在**なのです。

少し横道にそれますが、優秀な人の中に問題意識を持って会社を批判したり、正論を言う人がいます。こうした人はいずれナンバー2や社長になれるのでしょうか。どこにでもいるこうした社長から見ると少しうるさい、煙たい人は、会社のめざすところとベクトルが合っているかどうかがまずポイントとなります。おそらくその点は大きく外れていないから優秀なのでしょう。本人も、少し嫌われることも承知であえて意見をいうのですからリスクを冒しても話している点は評価できます。しかし、会社経営というのは正論でできるものではありません。社長とは「10年後に会社はこうありたいし、だから問題点は本来はこうあるべきだ」という理想像を思い描きながら、「でも今はまだ我慢しよう。まだそれは早い。問題には目をつぶろう」などとバランスを取っているものです。正論に正論で返せない話も山ほどあります。いえ、ほとんどがそうかもしれません。ですから、先ほどの優秀な社員は、立場上の目のつけどころはいいのですから、あとは人間教育だと思います。ナンバー2や社長の後継者にしようとするなら人間性を磨くための経験を積ませる必要があります。

しかし、中にはいつまでたっても、いい歳をして正論を吐き、社長批判を展開している人がいます。私は人材紹介で面談する幹部経験者の中で、社長の悪口を言って何社も会社を辞めた人に会うたびにこう思います。

「きっとあなたのような他力本願的な人がもし社長になったら、いずれ優秀な社員から社長批判を受けるようになり、ついに皆からの批判が苦痛になって、過去に否定した超ワンマン社長以上に人の話を聞かない社長に変貌するのだろうな」

さて会社の存続の全責任を持つ社長と言う存在は、日頃何を考えるべきなのか？わがままなワンマン社長過ぎてもだめ、社員のいいなりになってもだめ。では社長の仕事とはどうあるべきなのでしょうか？

■社長の10／10とは？

私の結論は、10／10という数字で表されます。

この数字の意味は、10年で10倍と言う意味です。

つまり**社長は、10年後に会社を10倍にするという目標設定して、仕事をするし、プライベートも生きる**ということです。

必ずしもこれは公言する必要はありません。自分の目標として考えればいいと思います。あるいは、長期的な経営目標として社員と共有してもいいと思います。10倍という数字は何をベースにするのかは、それは社長にお任せしたいと思います。

社長が何を重視するのかは社長だけに決定権があります。

売上なのか、利益なのか、お客様の数なのか、あるいは、社員の満足度なのか。または、この本の目標の労働生産性なのか。業種や会社の成長度合いなどによっても目標とすべき項目は違ってきます。

どちらにしても10年で10倍という長期的で大胆な数字がミソです。

「ちょっと待ってくれ。社長は、今年の売上予算達成こそ使命であり、そのために最高指揮官として意志決定を行うのが一番の仕事ではないのか？」

確かに今年の売上予算を始めとした目標数値の達成は、会社運営上の最重要課題の一つだと思います。社長が必死に取り組まない中途半端なリーダーシップで予算数字が未達成ともなれば、来期の投資にも影響してきますし、賞与支給にも影響が出て社員の士気にも関わります。

会社経営は「今」がとても大事であることは私ももちろん承知しています。しかし、敢えて10年で10倍をめざすのが社長の仕事だというのは理由があります。最大の理由は、社長という一人の人間が現在の問題と将来の問題とを同時にこなすのはなかなか難しいということです。どちらかというと現在の問題にウェイトを置きがちになるのが普通です。

そして、逆に**将来の問題を真剣に考えるのは社長しかいないし、社長しかできない**と考えるからです。

従って結論は一つしかありません。社長は、未来を作ることを仕事としなければなりません。

では、誰が今の目標達成の責任を持てばいいのでしょうか？

私は、その役目こそナンバー２であるＣＯＯ（最高執行責任者）であり、会社によっては、副社長、あるいは副社長がいなければ専務取締役の仕事だと思っています。私の考えでは、**ナンバー2の仕事**は社長の補佐役ではありません。究極は**今年の目標達成にのみ全責任を持って血眼になって仕事をする役目**だと思います。従ってもし、社長が未来のために予期せぬ支出をしたり、方針を変更して、今年の目標数字に影響するようであれば、社長はナンバー2に了解をとらなければいけません。このお互いの役割を分けて、緊張感の中で仕事をすることが会社の維持発展にプラスになるし、社長の長期視点での行動をナンバー2も理解して二人が協力していけば、毎年の予算も達成し、会社の未来も作っていけると考えています。

10／10の少し具体的なお話をしましょう。

10年で10倍の売上や利益の達成をめざすとしたら、果して今の延長で到達するでしょうか?

単純に10年間で今の売上の10倍をめざすとしたら、毎年3割ずつ業績を伸ばせば達成します。実はそれほど難しい数字ではありません。

では、過去を振り返ってみてください。10年前はいかがでしたか?

成熟した会社であれば、10年かけても倍の成長もなかなか難しいと思います。

そしてこのような企業こそ当然、労働生産性の計算式の分子である付加価値の増加が少ないため労働生産性が低迷しているはずです。もっとも売上が大きく伸びていても、例えば急激な売上アップを目指して常に人件費が先行投資気味になっている会社は、労働生産性が改善するどころか悪化しているところもあると思いますが、ここでは一般的に考えてお話しします。

事業が伸びていないとしたら、要因は２つ。事業が陳腐化していて、イノベーションが必要な時期に来ている可能性があります。そして、もう一つは、**社長がいつも現状の問題解決にばかり時間を使っている**からです。

いずれにしても変革が遅れている可能性があります。

日経新聞の２０１９年８月７日号の「ニュース一言」欄で、自動車向け空調部品製造のサンデンＨＤの西社長は、『「ダーウィンの進化論』ではダメだ。変化に適応するという後追いの姿勢ではなく、自ら新たな変化をつくった者が今のビジネスでは生き残る」と言っています。車のエアコンはＥＶでも無くなりませんが、ＥＶに対応した技術開発が遅れたら10年後は大変だということです。技術のトップやマーケティングの部署にだけ責任を負わせるのではなく、社長自らが先を読むことの大事さと必要性を感じる言葉です。

■10年10倍の社長の仕事は2つある

今しか見ていない社長とは、別の見方をすれば、現状の問題解決に時間を割かれていて余裕がない社長です。

すべてに首を突っ込み、心配し、リードしている姿を見て、社員は「うちの社長は良く仕事をしている」と思っているでしょうか?

端的にこのような社長の問題を上げると、自分が売上予算達成の総責任者ですから「未達成は自分で自分に謝らなければならない」ということです。経営会議で自分で売上未達の弁明を幹部の前でしている社長はどうかと思います。

さらに、今の問題の解決にばかり取り組むことはある意味麻薬的になります。「今」に関係しないことに時間やお金を使う価値を感じなくなってしまい、ますます「今」のことばかりに集中していきます。

外部の情報を収集して未来を予測して戦略を立てるどころか、働き方改革セミナーやRPA活用セミナーなどに自分で足を運ばず、部下の勉強と称して代わりに行かせているケースを良くみますが、決定権の無い社員が聞いてもあまり意味がありません。むしろ、社員の方が先が見えるようになって、馬鹿にされかねません。このように社長の仕事は、今の仕事に集中することではなく、未来に夢を作る仕事ではないでしょうか？

社長はいち早く世の中の流れを知り、新しいビジネスに関心を持ち、ブルーオーシャン市場を目指して、オンリーワンビジネスを考えていなければいけません。これが、社長の10年10倍の第一の仕事です。

次に必要なことは、未来の会社の姿や新しいビジネスモデルをどうすれば達成するかを考えることです。

それには、外部の力を利用することと、内部、つまり現在の社員や組織の変化や強化を考えてできることを推進することです。

外部の力を利用するとは、例えば、必要な業務を自社では行わず外部委託することや、提携すること、あるいは会社ごと買ってしまうことなどです。このような重要判断こそ社長の出番です。

ところが多くの企業では、このような仕事を部下にやらせています。そして、部下が苦労して積み上げてきた交渉を社長は「時期早尚」などの理由で却下してしまっています。本当は時期早尚ではなく、社長が自ら情報収集していないこと、要は知らないことに対して不安があるからなのです。こんなことをやっていては、せっかくの飛躍のチャンスの芽を摘んでいるだけになります。

さらに、社長は今年の目標達成がミッションのナンバー2とは違った視点で社員を見る必要があります。皆の能力を今年の予算達成レベルだけで見るのではなく、未来の夢とビジネスモデルのために見直し、検討し、具体的にアクションを起こすことです。

これが、社員教育であり、外部人材の採用に繋がります。教育は、主に

①ベクトル合わせのための教育
②今の仕事に直結するスキルアップの教育
③未来の会社の人的資本の充実

のために行いますが、この3つの中で社長が率先して計画しなければいけないのが①と③であり、どちらも夢の実現とオンリーワンビジネスの構築のために必要なのです。ですから残る②はナンバー2が行う教育となります。同じ教育でも目的を持って分担するということです。

■中高年の戦力外を防ぐには？

ここで教育の話が出てきましたので、リカレント教育について書いておきます。リカレント教育とは政府の働き方改革や人生１００年時代への対応にも出てくる最近の重要なキーワードになっています。リカレント教育とは簡単に言えば、社会人になってから学び直すことです。社会人の教育と言っても、歴史や文学を学び直すなどもありますが、このリカレント教育は、社会人として生き抜くために新たなビジネスに直結するスキルをいつも新しくしておこうということです。

いま国は、これを怠ってきたことを相当後悔しているのではないかと私は思っています。２０１８年に公表された経済財政白書によると、日本では、社会人がリカレント教育を受けた割合は、約２％とOECDの平均11％よりかなり少ないのです。

人材紹介の仕事をしてもう20年以上になりますが、私は当初から大企業の中高年サラリーマンの仕事のスキルに疑問を持っていました。最近でこそ少なくなりましたが、パソコンを使わないという人もおり、メールができない、ワード・エクセル・パワーポイントも事務の女性にやらせていて全然できないという人もおりました。もし、仮に現在のシニア世代がパソコンやネット関連の最新のスキルを身に付けていたら、おそらく仕事が見つからずに転職活動を続けている人はほとんどいなくなっていると思います。

「人手不足の時代なのに仕事がみつからない人がいるのですか？」

事情をご存じない方はこのような疑問を持つかもしれませんが、実は、リストラされたり、定年を迎えて新たな仕事を探している方の多くは、企業の求人と簡単にはマッチしません。人手不足とは、低賃金の労働者不足ということで、高学歴、高年収の大企業サラリーマンが働きたい仕事ではありません。顕在化しているプロ人材求人の多くは、どの業種、どの職種でも最先端のスペシャリストを探している求人です。一方大企業サラリーマンの多くはそれほどの専門性はなく、むしろゼネラリストです。つまり、**国も企業も終身雇用が前提となっていた雇用環境化でのスキルアップ教育を怠っていたためにこのようなミスマッチとなっている**のです。

これからの企業は、少子高齢化、生産年齢人口減少化で中高年の活用が否応なく重要になってきます。定年間近で戦力外通告などと言っていられなくなります。

そのためには中高年になってから遅れたスキルを取り戻す程度のスキルのキャッチアップ教育ではなく、若いころから将来を見越した教育が継続的に行われることが必要であり、それが中高年の労働生産性の低下を防ぎ、むしろ上昇まで期待できます。そうしたバックグラウンドがあれば中高年になってもこれから必要となる最先端教育を行うことが可能です。社員の再就職のためにとか、中高年社員にもなんとかできる仕事を与えられるようにという中途半端な教育ではなくなります。

これから間違いなく中小企業でＡＩ導入を推進し活用する人材が必要になります。中高年であってもこのようなスキルがあればニーズがあると思いますが、実際そういうスキルをお持ちの方は転職市場で見たことがありません。ほとんどいないのだと思いますし、もしいたとしたら仕事はすぐ見つかるので転職市場にうろうろしていないのでしょう。

先ほど、中高年の労働生産性が低下するという話をしましたが、日経ビジネスオンラインに、ドラッカー関連の著書を持つ藤田勝利氏が書いている「あの人はなぜ年齢を重ねても生産的なのか」というコラムの中にこのような記載があります。「私が、15年前にクレアモント大学院大学のドラッカー・スクールに留学した際に、ドラッカー本人が言った次の言葉が印象に残っています。『自分のキャリアにおいて、60歳以降が最も生産的だった』」

ドラッカーが「プロフェッショナルの条件」でこれからは知識労働者が雇用主たる組織よりも長生きする時代が来ると予言していましたが、まさにいくつになっても益々生産性を上げていたドラッカーだからこそ書ける言葉なのだと思います。

さて社長が行うべき教育に話を戻します。

未来の夢とオンリーワンビジネスの構築のために改めて社内を見渡してみてください。5年後10年後に失礼ですがお荷物になると予想される社員がいるはずです。後になってリストラするのではなく、これからはお荷物になる前に会社の発展に貢献するスキルを会社で率先して身に付けさせることです。これが、これから社長が10／10の仕事を通して会社の未来に必要性を感じて取り組むリカレント教育です。中高年の労働生産性を下げないためにも早めに取り組んでいただきたいと思います。

そして、10年10倍の社長の仕事の2番目は、第3章でお話した外部人材の採用

です。単に社内にいない優秀な人材という理由で採用するのではなく、**10／10の仕事を考えた時に見えてくる未来に必要な潜在的な人材ニーズです。今必要な顕在化したスペシャリストのニーズとは一味違います。**

私が、こういったプロ人材の採用は社長が行うべきといった理由がこれではっきりしたと思います。すべては10／10の社長の仕事を進めた時に出てくる問題の解決だということです。

【第5章まとめ】

中小企業の経営改革・その3
『社長の10／10意識』

働き方改革を成功させるためには、無駄を排除するだけでは不十分で、もっと会社の在り方そのものを変革する必要がある。社長のリーダーシップが不可欠。

■社員や外部から認められてこその社長

社員の存在とその社員から尊敬され認めてもらってこそ社長は存在できる。社長とナンバー2の考えに差があるのは当然。

■社長の10／10とは?

この数字の意味は、10 年で 10 倍と言う意味。社長は、10 年後に会社を 10 倍にするという目標設定して仕事をして、プライベートも生きるということ。社長は、未来を作ることを仕事としなければならない。今年度の目標達成の責任を持つのはナンバー2の仕事。

■ 10 年 10 倍の社長の仕事は2つある

1番目は、外部の情報収集をして未来を予測して戦略を立てる。未来の会社の姿や新しいビジネスモデルをどうすれば達成するかを考える。外部の力を利用、内部の変化や強化を考えて推進。2番目は、外部人材の採用。

■中高年の戦力外を防ぐには

リカレント教育とは政府の対応にも出てくる重要なキーワード。社会人になって学び直すこと。新たなビジネスに直結するスキルを新しくする。中高年になってから遅れたスキルを取り戻す程度の教育ではなく、若いころから継続的に行われることが必要。

第二部　中小企業の3つの経営改革と
働く者の3つの意識改革

第6章

働く人の意識改革　その1

『人生設計の見直し』

これまで、第3章、第4章、第5章と、働き方改革という大きな変革を迎えた中小企業がこの機会に考える経営改革を3つ提案してきました。企業、特に中小企業は小手先の無駄の排除では、これから襲来する働き方改革のインパクトや第四次産業革命などの危機に対応できないために抜本的な改革が必要と話してきました。

一方、働く側の視点はこの働き方改革でどのような影響があり、何をしなければいけないのでしょうか？

今回私は、第1章において、「労働生産性の低下への3つの懸念」の3番目で、働き方改革が浸透しつつある今、残業規制や休日の増加、ワークライフバランスなどの労働者視点にかなり偏った権利の充実をはかる法整備により、労働者の意識が働く意欲の低下傾向に変化するのではないかという懸念があると話しました。働き方改革によって、働き過ぎの日本人のライフスタイルがワークライフバランスで改善し、より充実した生活の側に変化しようとしていることはとても望ましいことで、過労死や過労自殺、働き過ぎによる疾病などが日本からなくなるように期待しています。

また、低賃金で働かせてサービス残業まで強制するとか、人の手当をせずに休日も返上して働かざるを得ない状況を作り出しているブラック企業も日本から根絶して欲しいと思っています。

■楽をするのが働き方改革か？

しかし、ただ働く時間が減ればいいとは国も考えてはいないと思います。

首相官邸のホームページに次のような記載があります。

「働く人一人ひとりが、より良い将来展望を持ちえるようにする」

身体や心を休ませる時間を増やして楽になりましょう、とは言っていません。ただむやみに企業の言いなりになって長時間働き続け、その結果疲弊して将来展望も持てずにつらい人生を歩み続けるのは止めよう。**働く時間をさらに効率よくして成果をたくさん上げ、空いた余暇時間を有効活用して一人ひとりが人生100年時代を前向きにとらえて人生を良くしよう。**そのように国も期待しているのだと思っています。

つまり、政府は私たち働く側も働き方改革で楽をするだけではなく、自分の人生を良くするために変革しなさいと言っているように思います。

この章以降では、働く側の個人や管理職がどうこの改革を利用すべきかを考えてみたいと思っています。

私たちは、働くことで様々な経験や知識や人脈を得ています。働くことは辛いこともあり疲れます。なるべくなら働かないで遊んで暮らしたいと仕事をマイナスに考えがちですが、逆に私たちは働くことでたくさんのことも得られています。働き方改革をきっかけに、まず私たちがやるべきことは、労働のプラスの側面をしっかり意識することで、働くこと、働けることに感謝することだと思います。そして新たな意識で仕事を自分のために考え行動することが、自分の人生を素晴らしくし、同時に企業の成長発展に貢献することです。日経新聞2018年5月30日の「経済教室」への寄稿で、慶応義塾大学客員教授の清家 篤氏も**「仕事をすること自体が、所得を得るためだけでなく、職業人として、また個人として成長するための貴重な機会となるべきだ」**と書いています。

■副業・兼業はこれから広がるのか？

今、こういった働くことを肯定的に考える風潮も変化しようとしています。それは政府が今推進しようとしている兼業、副業の制度導入にも感じられます。兼業、副業が肯定的に捉えられるためには、この仕組みが、本業の残業が少なくなって、休日も増えるから、空いた時間でもっとお金を稼ぎ、老後資金を蓄えようという目的だからではありません。会社の求めに応じるだけの硬直したワンウエイのキャリア構築ではなく、**多様な働き方をすることで本業とは違った職場で別な視点を持つ人との出会いや経験をする。そして本業で得た経験や知識を本業とは違ったアウトプットをすることで、さらに今の仕事に役に立たせること**です。より会社に貢献し、仕事のやりがいを持てることを期待してのことだと思います。なぜなら企業は兼業・副業が自社にメリットがなければそんな制度は作らないからです。それはまた、同時に個人の定年後に役立つ新しいキャリアの構築になるかもしれません。

具体的にイメージしてみましょう。

正社員で大企業の経営企画部で関連会社の経営管理の仕事を担当しているAさんが、会社の副業・兼業制度を利用して地方の全く違う業界の中小企業の社長の求めに応じて、土日を利用して仕事を請け負うことになりました。依頼はマーケティングと経営計画の作成です。Aさんは、経営企画マンとしてのスキルを活かし、今の経営企画部では経験の無い、マーケティングや経営計画作成の仕事にチャレンジできました。

さらに、この副業を通して得られた業界知識を活かし、本業の会社で新たな事業提案を行い、M&Aまで成功させたとしたらいかがでしょうか。中小企業にとっては、自社社員では決して手に入らない大企業の経営企画のスキルを活用して実際に中期経営計画ができ、さらに副産物としてAさんと一緒に仕事をした経理部の若手も刺激を受けて成長しました。本業の企業にとっては、まったく知らなかった業界の知識がAさんを通して手に入り、事業にプラスになる企業の買収に成功します。そして、その本人は、「やりがい」という貴重な精神的満足感と新たなキャリアへの糸口を手に入れることができたのです。

この例は理想的かもしれませんが、もし、副業することで本業の仕事がおろそかになったり、お互いの企業の重要なノウハウの流出に繋がったりというマイナス面が出るようでは、双方の企業にとってこの制度がデメリットとなり、Ａさんも副業が将来にプラスになるどころか禍根を残しかねません。

■人生設計が働く人を救う

話をもとに戻しましょう。

働き方改革で個人に求められていることは、「労働の意識」と「具体的な労働の仕方」の両方の変化によって日本の企業文化を変え、ライフスタイルも変え、一人ひとりが改革の前よりいい人生を送れることです。企業にだけ法律で規制して変化を強制しているのではなく、働く側にも変化を求めていると解釈していいと思います。

つまり、個人個人の人生設計を見直すことです。

人生設計とは話が大きくなり過ぎていると思いますか？

しかし、私たちは寿命が延びて人生１００年時代を迎えようとしています。

寿命が延びるということはそれだけお金が必要になります。だから老後資金問題もクローズアップされているのです。

人口減少で、年下の人たちに支えてもらうという年金制度も危ないといわれています。定年ももうすぐ一般企業だけでなく、公務員も65歳定年となりますが、実は国は生産年齢人口の減少を補うために、働けるならできるだけ働いて欲しいと思っています。既に政府は仕事を希望する高齢者が70歳まで働けるようにするための「高齢者雇用安定法」を準備して、企業に70歳までの雇用の努力義務を示しています。

時代は、変わったのです。しかもこれからもっともっと変わります。

私たちはそういう時代に生きているのです。

であれば、この環境を肯定的に捉えて人生設計を見直して前向きに生きましょう。

これが私の考え方です。

この本では働く人の義務感の低下を心配しています。

働き方改革では、ともすると労働者としての権利の充実ばかりがクローズアップしています。しかし働いて給料をもらう以上は働く者としての義務もあり、働き方改革で権利の充実がはかられるのであれば、義務についてももっと意識して、会社に貢献しないとバランスが取れません。そもそも権利の充実ばかりでは、会社が苦しくなり、働く場所が無くなってしまうかもしれません。

しかし、この義務の話は、この本ではこれ以上掘り下げません。ブラック企業の経営者のように「給料を上げて休みも増やしたのだからもっと働けよ！」的な話をするつもりは毛頭ありません。

私は、日本的雇用が成り立たなくなっている今、そろそろ労働者も義務に合わせて権利を主張するレベルの話は終わりにする時代を迎えようとしているのではないかと思っています。つまりお金をもらう分だけ仕事をするということではなく、もっと上のステージで仕事をするべきです。

ではそれに変わる労働者側の心構えはどうあるべきでしょうか？

それが、**「人生設計の見直し」によって仕事を通して「自分の人生の居場所作り」をする**ということです。

ではまず、**人生設計の見直しについて、根本的に変えなければいけない第一のことをお話しします。**

それが、**他人と会社に人生や仕事を任せてしまう生き方を改める**ことです。

どういうことかというと、短期的には自分の意志があったり、選択をしていても、中期、長期でみると勤務している会社とか、あるいは、あまり例えは良くないかもしれませんが、伴侶とかに寄り添い過ぎているというのか、流されているというのか、影響され過ぎていて、結果的に後悔するような生き方はしない方がいいということです。

これは、仕事について言えば、学歴も低く、スキルも低く、能力も乏しいから、労働に従事してやりたくもないことを仕事にしている人ばかりのことではありません。

高学歴でいい会社にいるサラリーマンも実は陥っている生き方です。

もっと言うと、自分はこの仕事が好きではないと思っている人、自分にはこの仕事は向いていないと思う人など自分に自信が持てない、自立していないタイプの人もそうです。そして、どの会社にいてもどの仕事をしても文句ばかりの責任転嫁や他力本願的な人もそうです。

さらに付け加えます。

一見自立していて物事を肯定的に生きている人も、よくよく考えてみると他人や会社の枠組みの中でのことで、定年を迎えた途端、自分を見失い、自分が何をしていいかわからない人もそうです。

このような人達は、自分の居場所ができていないと言えます。**居場所とは具体的な会社や家のような場所のことではなく、自分が誰にも依存せず自分で存在を自覚できるところ、自分が居心地のいいところ、自分が自分を表現できる、例えば仕事や趣味や社会貢献などのこと**です。

人生設計に必要な居場所づくりはどうすればいいのか？

まず、心構えが必要です。どんな状況でも自分のプラスに変えられる人にならないといけません。これが自分の居場所を持つ人の心構えです。

やらされていることを嫌や嫌やっている人に活き活きとした人生を送ることなどできません。今の会社が嫌なら辞めた方がいい。ではどこの会社なら満足するのですか？　ということです。

居場所づくりは、まず今やっている仕事を肯定的に見直して、何でもプラスにしてしまう考えを持つことから始まります。仕事をあらゆる観点から見直して、とにかく**「やらされている」という現実から「自分で工夫して自分で進んで仕事をしている」という風に変えること**です。この考えは、知的労働者だけでなく、肉体労働者も単純労働者もあらゆる仕事人に例外なく当てはまると思います。

そしてこれこそが、働き方改革で一人ひとりが実行できる労働生産性の改善の第一歩なのです。仕事の見直しをして無駄を省くのもここから自分でするのです。生産性のコンサルタントに任せるだけでも上司にやってもらうだけでもダメです。あくまで自分の意志で労働生産性の改善に向き合ってもらいたいと思います。

人生設計の見直しに必要な第二のことは、今向き合っている仕事で結果を出すということです。「今の仕事は一旦リセットして次の仕事で」という考えには、人材紹介をしている私が言うのもなんですが、お薦めしません。これには先ほどの「仕事を肯定的に考え、どんなことでもプラスにする。転んでもタダでは起きない」という意識が必要なことはお分かりだと思います。その意識でさらに、「今の仕事で結果を出す、成果を出す」ことにこだわって頂きたいと思います。

何をどうやって結果を出していいかわからないというのでしたら、具体的に目標を設定することです。この仕事で日本一をめざす。一気にそれが難しいなら、職場でナンバー・ワンになるとか、同期で一番になるとかでもいいと思います。なんでもいいし、どんなに小さなことでもいいので自分で設定したセグメントで一番になってみてください。徒競争でも学校の勉強でも一番になれなかった人も今の仕事の何かで一番になってその感触を自分で味わってみることです。必ず新しい一番の欲が出てきます。

さて人生設計の見直しに必要な第三のことは、仕事の質を高めて、誰でもできる仕事から一歩抜け出してスペシャリストになることです。スペシャリストとは、ある分野の第一人者ということです。人生設計の見直しで、自分だけの居場所を作るには、人と違った何かが必要で、それにはこのスペシャリストということが大事なのです。他人も認める自信が必要です。

このスペシャリストがさらに腕を磨いたり、顧客を独自に作ることで、今の組織を離れてもお金を稼げる市場価値ができてきた場合、それをプロフェッショナルと言います。副業や兼業も労働力を売るのではなく、このプロフェッショナルとなることだと考えてください。

そしてここまで来ると自分の居場所ができつつあります。いやもうできていると言ってもいいでしょう。

ここで「居場所作りはもう遅いと思う。今の自分は定年を目前にしている。今特に自分に自信を持っていることもない。もう人生設計の見直しと言われても思いつかない。自分の居場所づくりどころか、生きて行くだけで必死です」。こんな弱気な人もいるかもしれません。

私は、いつまでなら間にあって、ここを過ぎたらもう手遅れとは思っていません。**いくつでも今から人生設計を見直すことは可能**だと思っています。先ほどなにかで一番になることが大事と言いましたが、何も表彰状をもらう必要などありません。自分の自己判断でいいのです。今からでもぜんぜん遅くはありません。すぐにスタートすることです。

■自分を変える４つのステップ

ここまで読み進んで、よし、自分を変えてみようと思っている人にもうひと押ししましょう。

それは、自分を変革するステップです。

「何度やっても途中で挫折する」「気持ちが続かない」そういうことは人間である以上、仕方のないことですが、もしかしたら物事を進めるステップが間違えているのかもしれません。

成果を出すための行動は、意識と思考がベースになっているという人がいます。

しかし、私は自分の経験からそうは思いません。

人は、行動から変わることで意識が変わると思っています。これは良く「形から入る」といいと言われることと同じです。走るのが早くなりたいなら、最高のシューズをまず買うことです。

意識が変わるから行動が変わるのではありません。「いろいろ考えた末に営業で頑張って一番になった」という人はいないと思います。行動が失敗や迷いや成功を生んで意識もそれにつれてできて行く感覚です。ですから考える時間を長くするより、行動のスピードを速くし、回数を増やして経験を多くした方がたいがいの場合はいいと思います。

そして、**行動を変えるための意志は、「覚悟」で作られます**。これが私の経験でとても重要だと思います。

覚悟　⇐　行動　⇐　意識　⇐　習慣

このステップです。覚悟は理屈ではありません。なんの根拠も要りません。やると言ったらやり終えるまでやるという覚悟です。これが意外にできていない人が多いと私は思っています。

【第６章まとめ】

働く人の意識改革・その１
『人生設計の見直し』
働く側はこの働き方改革でどのような影響があり何をしなければいけないか。

■楽をするのが働き方改革か
ただ働く時間が減ればいいとは国も考えていない。政府は働く側も働き方改革で楽をするだけではなく、人生を良くするために変革しなさいと言っている。この章以降では、働く側の個人や管理職がどうこの改革を利用すべきか考える。

■副業・兼業はこれから広がる
兼業、副業は会社の求めに応じるだけの硬直したワンウエイのキャリア構築ではなく、本業とは違った職場で別な視点を持つ人との出会いや経験をする。

■人生設計が働く人を救う
働き方改革で個人に求められていることは、「労働の意識」と「具体的な労働の仕方」の両方の変化。個人個人の人生設計を見直すことが必要。時代は変わった。この環境を肯定的に捉えて人生設計を見直して生きよう。人生設計の見直しの第１は他人と会社に人生や仕事を任せてしまう生き方を改めること。第２は今の仕事で結果を出すこと。第３はスペシャリストになること。

■自分を変える４つのステップ
行動を変えるための意志は「覚悟」
覚悟→行動→意識→習慣

第二部　中小企業の3つの経営改革と
働く者の3つの意識改革

第7章

働く人の意識改革　その2

『オンリーワン戦略』

国は、働き方改革を「労働生産性を改善する最良の手段」と位置づけています。これは働き方改革を契機に企業と働く人に良い変化が起こるだろうとする政府の前向きな考え方です。

しかし、企業側はそんな悠長なことは言っていられません。法律ができた以上守らなければ罰せられます。否応なく、残業を減らして休日を増やさなければならないのです。従って企業側に取ってみれば、削減した労働時間分の人件費負担増を覚悟しなければいけません。そうでなければ、働き方改革を実現させるためには、労働生産性の改善がまず最初に必要なのです。日本電産の永守会長が、「まず生産性を倍にして、それから残業ゼロをめざす」と言ったのはその表れです。

法的対応が必要な企業側は、様々な対応策を考えています。

まずは会議を減らすとか無駄な書類を減らすという、割とすぐにできる、投資の要らない対策です。さらには、組織の見直しとか業務の見直しをして仕事の無駄を省くとか、直行直帰の制度やテレワーク制度の導入も行っています。休みを増やすために大企業では今までにない制度を導入しているところが出てきました。

例えば「ワーケーション」という「ワーク」と「バケーション」を合体させた

造語の制度です。これは、旅先で休みを取りながら、ある期間はテレワークのように仕事をするような仕組みです。ＪＴＢではハワイに休暇で遊びに行った社員が、現地のサテライトオフィスで働ける制度があるようです。さすが大企業は違います。これだと例えば、２週間の休みを取ろうとしてもどうしても途中に仕事が入ってしまうなどの状況に対応できます。また、「ブリージャー」または「ブレジャー」という「ビジネス」と「レジャー」を組み合わせた言葉もできています。

出張に絡めて休みを取るというこの制度は、せっかく見知らぬ土地に出張に行っても仕事だからと観光もしないで帰ってくることが多い律儀な日本人にぜひ浸透して欲しい制度です。ちなみに、フランスでは年に5週間の有給休暇をとることが法律で定められていて、だいたい夏に3週間、冬に2週間のヴァカンスを取るのだそうです。フランス人に、「夏休みに熱海に3泊4日でヴァカンスに行ってきて、すっかり休みボケした」などと言ったら「ヴァカンスは2週間以上の休みのことだよ！」と言われて笑われますからご注意ください。

このように大企業は２０１８年の法律の施行前から検討を重ねて対策を取っています。法的な対策と生産性の改善方法も含めて、その参考になる書籍もたくさん出版されています。

しかし、私がこの本を書くきっかけになったのは、働き方改革に真に必要な労働する側の意識改革に関する考え方がほとんど情報としてなかったことです。

中小企業にこの働き方改革を浸透させるには、企業側の努力だけでなく、働く側の意識改革による協力が絶対に必要です。ところが働き方改革にどう意識を変えていかなければいけないかということのすぐに役立つアドバイスの本もなければ、日本の未来を見据えた長期的視点の本もまるで見当たりませんでした。法律の施行にどう対応するのかといった対策本や、業務を見直して生活時間を取り戻そうといった労働組合的な視点の情報ばかりです。

第6章でも触れたとおり、国は決して働き方改革による労働生産性の改善を企業だけに押しつけているわけではありません。21世紀後半を見据えて、働き方改革によって働く人々に新しい労働意識が芽生えてくることを期待していると私は考えています。その視点で私はこの本を書いています。

前章では抜本的に個人として労働生産性を上げるために、「労働の意識」と「具体的な労働の仕方」の両方の変化が必要と話しました。そして日本の企業文化を変え、ライフスタイルも変え、一人ひとりが働き方改革に取り組む前よりもいい人生を送れるようにするために、個人が人生設計を見直すところからまず考えようと提案しました。この章では、それをさらに進めて誰もがオンリーワンをめざすことをお話したいと思います。働き方改革や労働生産性に直結する話ではありませんが、日本が21世紀の後半に、人口の減少と超高齢化を迎えていても、知的・人的資本で経済や文化、政治、科学などあらゆる分野で世界をリードする国であって欲しいとの私の願いから、どうしても話したいことですのでお許しいただきたく思います。

■オンリーワン意識が必要な理由とは？

今までの年功序列と終身雇用に代表される働き方は、個人が主体となっているというより、会社の指示命令に従って流されていましたが、定年前にはそれなりの処遇となり、定年後も退職金と年金でそれなりに老後を過ごせていけるという前提でした。

しかし、今その前提は大きく変化しています。既に多くの企業で成果に応じた給与体系を取り入れており、年功的な側面は徐々に排除されつつあります。さらに新卒の採用激化や若手の離職を防ぐために、またＡＩプログラマーなどの高度な能力を持つプロ人材の採用のために成果給ではなく、未来への投資的に給与を上げてきています。ユニクロは２０２０年から新卒採用時の年収を約2割上げると発表しています。同じ新卒採用でも人材によって年収を変える企業もあります。ＮＥＣでは、新卒者でも優秀な研究者には年収１０００万以上を出せる制度の導入を決めました。また中途採用では富士通が、カナダのＡＩ子会社で優れた人材採用のために日本の本社の役員級の数千万の年収を出すとのことです。このように少し前の日本では考えられなかった投資的な人材採用が現実にどんどん進んでいるのです。そして、その反動で中高年の給与は少しずつ下げられています。

60歳定年で65歳までの再雇用制度を導入している一部上場企業では、60歳までの給与の3分の1以下に減らされるところもあります。このような中高年の処遇の変化の背景にあるのは、中高年の労働生産性が悪いとみられているからです。要するに会社は中高年が給与に見合った仕事ができていない、仕事の成果の割に給与を払い過ぎているると感じているのです。入社時には、総合職として会社の言いなりに配属が決まり、転勤命令も受け、その後も配置転換などで自分の望んだキャリアが自分の意志では積むことができなかった今の中高年には本当に厳しい時代だと思います。

働き方改革の推進では、このような会社主体のキャリアの形成を個人主体にある程度考えられるように進めています。転勤のない幹部候補社員として「エリア総合職」などの新たな制度を導入している企業も増えてきました。

これからは、会社が労働者の人生の面倒をみる時代ではなく、会社は必要な労働力を必要な時に必要なだけ利用する時代です。従って、**働く個人個人はいつも会社の必要な労働力となっていることを自らの力で成し遂げなければいけない時代**に突入しつつあるのです。これからは益々個人が自分で仕事を決め、スキルを高めて行くことで自分の存在価値を作り上げることが必要になりますが、その上で私が大切だと思っているのが、この章のテーマのオンリーワン意識なのです。

オンリーワンという意識は、他人と比べてずば抜けているという意味ではありません。オンリーワンの概念については、私が２０１８年に設立した一般社団法人・

日本オンリーワン協会の設立目的が大変理解しやすいと思いますので僭越ですがご紹介します。

「人は生まれながらにして個性があり、誰一人として同じ人間は存在しない。その多様性を尊重することで、個人として、また社会全体として明るく豊かな未来が存在する。日本オンリーワン協会は、人や企業や自治体も含めた社会を構成するすべてを対象とし、他者との比較や競争だけではない、「オンリーワン」概念を醸成し、研鑽し、発展させることを目的とする。日本オンリーワン協会員はオリジナリティを求め、見出し、発揮することで、自分の居場所を認識し、自己の存在する価値を意識し、他人を認め、社会に貢献する」

このように、**オンリーワンは他人と共存するために自分の個性を積極的に認識し、自分を確立した状態**を言います。オンリーワンの概念から言えば、誰かがしかけた競争の中で負け犬になるなど意味のないことです。自分は自分であり、一人でしっかりと立っていて、迷いがあっても自信を取り戻して生きて行こうとする姿勢です。私はオンリーワンと言う意識・概念にこれからの組織で働く人の変化の目的とその方法が見えてくると思っています。そしてそれが、政府のめざす働き方改革にも必ず合致すると思っています。

■人生の居場所づくりが大事

私は、オンリーワンの意識には自分の居場所づくりが必要だと考えています。居場所とは第６章の「人生設計の見直し」のところでも書いたように、具体的な会社や家のことではなく、自分が誰にも依存せずに自分で存在を自覚できる自分の認識です。最初は居場所が無くても少しずつ見えてきて、それを大事に成長させるのです。自分の居場所作りをめざす人は、自分が一生を掛けてめざす気持ちを持たないといけません。オンリーワンには完成もなければ卒業もありません。人間国宝の達人たちが、「仕事に満足は無く、死ぬまで勉強だ」と皆さん言います。これこそがオンリーワンの世界であり居場所です。つまり**オンリーワンは果てない夢を持っている人**です。

■時代が変化して、自分の「価値」に気がついた

今、人生100年時代を迎えて、私たちの平均寿命は延びています。55歳定年が一般的だった戦後の会社が、初めて国の法律で60歳定年と決められ施行されたのは、1998年です。1998年は平成10年です。ついこの前、60歳定年が義務化されたばかりなのに、今65歳が定年となりつつあります。

60歳定年時代の多くの人は、定年後に関連会社などに再雇用されて3年から5年の勤務を経てリタイアするのが一般的でした。仕事とはいってもさほど緊張感のある難しい仕事ではなく、朝はゆっくり時間ギリギリに来てお茶を飲みながら新聞読み。その後は仕事と関係があるかどうか微妙な雑談ぽい打ち合わせやお茶飲み営業。会議ではバリバリ働く若い人の邪魔にならないようにあたりさわりの無い発言。3時過ぎると5時からの定年再雇用仲間との飲み会のセッティング。そしてその再雇用も定年になると、一緒に住んでいる孫の面倒を見たり、夫婦で毎月旅行したりしているうちにお迎えが来るという一生だったと思います。

ところが今はどうでしょうか？　核家族化して孫もいない。いつのころからか

定年後の旦那は「濡れ落ち葉」と妻から嫌われて旅行どころか買い物にも一緒に行かない。仕事仕事に明け暮れた人生でそういえばこれといった趣味もない。再就職で仕事をしようにも一般企業や公務員の終身雇用制度の元で会社の言う通りの仕事をしてきたためにその会社でしか通用しない経験とスキルしか持ち合わせがない。おまけに世の中はＩＴ社会となってパソコンが苦手なためにやることと言えば、肉体労働レベルしかない。

「いったい自分は何をしているのか？
頑張ってきたはずなのに、なんでやりがいのある仕事がないのだろう？
これから先、何をしたらいいいんだろう？」

こんな不安を抱えている人がたくさん出現してきた時代となりました。家庭にも、仕事場にも、プライベートにも自分の居場所が見当たらないのです。こうした現象は実は日本だけではありません。寿命が延びた世界各国で起きている現実です。

ここに登場したのが、リンダ・グラットン、アンドリュー・スコット氏の著作「LIFE SHIFT １００年時代の人生戦略」（東洋経済新報社）です。この本は私たちに、一部の特別優秀な人だけの世界と思われていた、**定年後に今までのスキルを活かしてまた別の仕事で活躍し続けることが、誰にでも訪れる世界**となったことを教えてくれました。それまでの人生が「教育を受け」「仕事をして」「リタイアする」という3ステージだったものが、「仕事をして」が人によっては2回、3回と続く、マルチステージへと変化することが誰にでも必要と初めて意識させられました。定年後の時間が長くなり、それによってお金も必要になってきたのが一つの原因です。しかし、この本では、長生きがお金を稼がなければならないという厄災ではなく恩恵にしようと話します。これこそが、私が考えるリタイアの無い人生の居場所作りです。

■夢を持ち、今を磨く

オンリーワンの意識を持ち、自分の居場所を見つけるにはどうしたらいいのでしょうか？　それには、まず夢を持つことです。夢とは、楽しく、ワクワクするものです。実際に夢が現実となって手に入るかどうかとか、そこに至るプロセスが見えないということはひとまず置いてください。

自己啓発の本の中には、夢は具体的にイメージして目標にして、しかもそれを達成する期日も決めるといいと書いてあることがありますが、私は**夢はぼんやりでもいい**と思っています。

多くの人がありもしない夢を持つなど馬鹿げていると考えています。しかし実現不可能な夢を思い描くことがいったい何が悪いのでしょうか？　夢と現実の差を感じるといたたまれないからでしょうか？　私は**夢は現実の厳しさを増幅させるために見るのではなく、現実の厳しさから抜け出すために見る**のだと思っています。仮に何も起こらなくても損はしませんが、夢が現実より良くなることに繋がらなければ確かに意味がありません。

計画された偶然

夢の効用について私が影響を受けたのは、スタンフォード大学の心理学の教授のＪ・Ｄ・クランボルツ、Ａ・Ｓ・レヴィン氏の著作「その幸運は偶然ではないんです！」（ダイヤモンド社）でした。

この本は、実は夢の持ち方の本ではなく、仕事＝キャリアの作り方の本です。

私なりの要約をして紹介します。

多くのキャリアに関する理論は、目標を定め、自分や周囲の状況をきっちりと理解し、それに対して自分のスキルアップや知識向上の計画を策定し、それを粛々とこなしていくことが重要というものでした。以前から有名な「キャリアアンカー理論」などがそうした流れです。

しかし、現実はそんな用意周到の人がいるわけでもないし、何年か経つうちには状況も変化していきます。実際にはなかなか実行している人は少ない理論だったというわけです。

しかし、驚くことにクランボルツ教授が調べてみると**世の中の成功者は、最初に立てた目標とは違ったところで成功していた**と言います。多くの成功者は、目標に進んでいるうちに、「偶然に」別な方向が見えてきたり、意識が変化したり、人との出会いがあったりで目標から外れて行き、その先で成功していたというのです。

成功者のほとんどがこの方向転換を「偶然」と感じていましたが、クランボルツ教授はここに重要な意味があることに気が付いたのです。そうして作られたのが、「プランド・ハプン・スタンス理論」です。これは日本語では、「計画された偶然理論」と呼ばれています。「プランド」つまり計画された、と「ハプン」つまり偶然とはまったく逆のことです。クランボルツ教授は、多くの成功者が感じた偶然の出会いは、いわゆる何の因果関係もない偶然ではなく、「あることに向かっていたこと＝計画されたこと」が有ったためにまるで偶然のように見えたり、出会ったのだと言います。つまり、何もなければ出会わなかったことが、無意識か意識か、その両方の影響かわかりませんが、目の前に見えてきたのです。

それは単なる偶然ではなく、「計画された偶然」という言葉で表したのです。

私は、これは人生にも当てはまるとすぐに感じました。**夢を持たない人、夢を自ら否定する人は、当初の夢はもちろん、別な夢にも近づかない**ということです。

オンリーワンの意識を持って自分の居場所を探すためには、まずアバウトでも夢をもつことが「いの一番」に必要です。

■夢の持ち方教えます

さて、ここで夢が思いつかない人がいそうなので、夢の持ち方のヒントをお話しておきます。さすがに私が、皆さんの夢を作るわけにもいきませんので…。

私が、皆さんにキャリアカウンセリングの時にアドバイスしているのは、潜在意識から夢を呼び出す「毎日の100の願望のメモ書き」です。

これは、あなたの欲しいもの、行きたいところ、こうなりたい自分などの欲望を毎日毎日100個できるだけ短時間で書き出すという簡単なことです。期間は1週間です。ただ書くだけなので大変簡単なことですが、これにはルールがあります。

1　何かが欲しいのが夢だとしたらその努力をすることが夢を持つ理由です。

「お金が欲しい」というのはダメです。それを努力無しで手に入れる「お金が欲しい」というのはNGです。ディズニー映画「アラジン」のランプから出てきたウィル・スミスが演じる魔人は、この願いごとは例え手に入っても幸せにならないからだめだといいます。

2 誰かに見られても、見られる可能性が存在してもだめです。家族のいるところで見られることを心配しながら書くとか、書いた紙が誰かに見られることのないようにすることです。この心配がほんの少しでもあるとあなたの潜在意識は外に出てきません。誰かに見られてもいいことしか思いつかないのです。

3 毎日同じ内容が思いついてもそのまま書く。要するに昨日書いたことが今日も頭に浮かんだら遠慮せずに書き続けるということです。これで最後の1週間後にあなたは紙に何を書くことでしょうか？　そこに書いてあることがあなたの夢のヒントになるはずです。

クランボルツ教授のプランド・ハプンスタンス理論から得た貴重な考えはもう一つあります。それは、**「夢や目標が手に入らなかった時も自分を責めてはいけない」**ということです。

キャリアに当てはめて言うと、弁護士になりたくて司法試験に何度もチャレンジして、結果的に合格しなかったとします。もし、これで人生は終わったと考えたらあなたは、本当になるべきかどうかなってみないとわからない弁護士という自分の目標に、なりもしないで負けたということです。司法試験制度という**他人が決めたルールで自分の精神を自分で傷付けた**ということです。こんな馬鹿げたことはありません。クランボルツ教授は、「将来の目標にこだわる必要はない、常に選択枝をいくつも持ち、オープンマインドでいることが大事だ」と説きます。まさにその通りです。

■夢を持ったら次にすること

これまで書いたように、オンリーワンの意識で自分の居場所を持つためにはまず夢を持つことが重要だと私は考えています。では、夢をもったら次に何をしたらいいのか？　そのヒントを次に書いてみたいと思います。

一つ目のヒントは「今」を大事にすることです。当たり前のことですが、未来は「今」の延長にあります。「今」が時間の経過につれて連続しています。「今」

とは生活全てのことですが、特に重要なことが、「今の仕事」です。「今の仕事」で満足する結果をだすことです。「今の仕事」で上司に認められることです。「今の仕事」で自分に自信を付けることです。「今の仕事」でスキルを磨くことです。「今の仕事」で人脈を作ることです。**今を頑張れない人は、おそらく明日の今も頑張っていない人**です。

第６章でも書いたように、今の問題を自分の問題とせず、他人や環境のせいにしている人があまりに多いことに私は以前から自分の人材紹介の仕事を通して気が付きました。何かのせいで自分が今うまく行かないと考えている人は、逆に言えば、何かが変われば自分はうまく行くと考えている他力本願人間です。

転職を繰り返す人に中には、こういう他力本願的思考の方がかなりおります。会社を辞める理由は、「会社が悪い、社長が悪い」ということを言う人です。

こういう方は、転職先が決まっても1～2年でまた相談に来ることが多いのです。世の中は自分中心に動いているわけではないので、他力本願や何でも人のせいという思考の癖がついている人は、どの企業にいっても満足できません。しばらく転職していないとしても、他に行くところがないからここにいるという後ろ向きの定着なのです。

何でも自分の思い通りにならいことにイライラして人に害を加えたり、人のせいにする人は、よく「天に唾する人」と言います。人を非難することはいつか自分に戻ってくるからです。しかし、私はもっと厳しく見ています。それは、**「他人を非難し、何事も他人や環境のせいにする人は、自分の人生、自分そのものを否定しているのと同じ」**ということです。なぜならば、それを含めて全て自分の人生だからです。**自分が関わっていることは全て自分の人生であり、何も因果関係がない（つまり全てあなたにまったく原因がない）なんてことはあり得ない**ということです。

オンリーワンをめざす人、自分の居場所を探す人は、このような思考の癖をつけてはいけません。そして、もし癖がついてしまったとしても、「今」を真剣に生き、結果を出すことで私はその時に瞬時に悪い思考の癖から変化できると思っています。この本を読んで、自分に心当たりがある人も心配要りません。「今」の仕事にまず真剣に取り組んで、求められている、いや求められている以上の結果を出してみてください。その日から間違いなくすぐ変わります。結果の出にくい難しい仕事であればあるほど、その時に目からうろこが落ちる音は大きいと思います。

さて、**次のヒント**です。**それは、行動するということ**です。夢に向かってまずは、外に出て行動しましょう。

何かをしなければ、先ほどのクランボルツ教授のハプニングも起きません。行動して何も起こらなくても諦めないでください。もしあまりに何も起きないのであれば、夢の認識が弱いのか、行動していてもそれに近づくための行動をしていないからかもしれません。何かが起きるまで積極的に動きましょう。そしてクランボルツ教授は、「想定外の出来事がさらなる想定外の出来事を呼ぶ」と言っています。また「夢に向かって一直線である必要がない」とも言っています。行動を柔軟に変化させてもいいのです。

■真似してもいいから、オンリーワンに近づく

自分の居場所づくりに必要なことは、夢を持ち、自分の好きなことを極めるこ

とです。

しかし普通の人は、なかなかその一歩を踏み出せないことも事実です。そこで効果的なことは、「目標となる人を見つけて見習う」ということです。この方法はおそらく人類が生まれてから脈々と続いているシンプルな自己成長のアイデアです。

とにかく今の仕事で成果を出すことの重要性についてこの本でたくさん書いてきましたが、仕事についてまず始めるのは、成功者、第一人者の真似をすることです。成功者はおそらく形やシステムだけがノウハウではないと思います。実はそこには、目に見えない重要な秘訣が潜んでいるものです。そしてそれは、そう簡単には手に入りません。想像してもおそらく正解にたどり着くのは難しいと思います。ですからまずは、形やシステムを真似するのです。

オンリーワンをめざす人が人の真似をしていいのかといった疑問を持つかもしれませんが、オンリーワンは形やシステムの違いではないと考えてください。個人の個性を活かした意識が出てくれば、同じことをしているように見えても違っているのです。画家としてオンリーワンの境地に達している人が、若いころ模写をして技術を磨くのと同じだと思っていただいて結構です。

■オンリーワンでめざす「自力本願」

寿命が延びて、健康な人生が長くなり、自分の生き方次第で長い時間幸福を楽しめるか、苦しい時間を長く過ごさなければならないか、それぞれの人の思考方法と行動がより人生に影響するようになりつつあります。そしてその長い人生の幸・不幸にも大きく影響するのが仕事です。仕事で得られる知識、スキル、経験、人脈、そして心構えは、仕事以外にも影響し波及して行きます。その仕事を自ら意識して取り組むのか、はたまた、他人にやらされている仕事かで間違いなく変わります。

他力本願ではなく、主体性を持った「自力本願」こそが働く人の心構えとして必要であり、働き方改革で一見労働者の権利が改善されたように思って、**仕事に対して密度を上げる意識を持たず、増えたプライベートの時間を無駄に過ごしたなら、あなたの一生は、働き方改革前よりも悪くなって行きます。**オンリーワンの意識を持って、自分の個性を活かした「自分ならではの働き方」で成果を出してもらいたいと思います。

【第７章まとめ】

働く人の意識改革・その２

『オンリーワン戦略』

国は働き方改革を「労働生産性を改善する最良の手段」と位置づけるが、企業側は法律ができた以上守らなければ罰せられる。しかし、働き方改革に真に必要な労働する側の意識改革が情報としてなかった。

■オンリーワン意識が必要な理由とは

これまで定年後もそれなりに老後を過ごせてきたが前提が大きく変化。個人が自分で仕事を決め、スキルを高めて行くことで自分の存在価値を作り上げることが必要。大切なのがオンリーワン意識。

■人生の居場所づくりが大事

■時代が変化して、自分の「価値」に気がついた

やりがいのある仕事がない、不安を抱えている人がたくさん出現してきた。

■夢を持ち、今を磨く

■計画された偶然

オンリーワンの意識を持って自分の居場所を探すためには夢をもつこと。

■夢の持ち方

■夢を持ったら次にすること

今を大事にする。行動する。

■真似してもいいから、オンリーワンに近づく

■オンリーワンでめざす「自力本願」

他力本願ではなく、主体性を持った「自力本願」こそが働く人の心構え。

第二部　中小企業の3つの経営改革と
働く者の3つの意識改革

第8章

働く人の意識改革　その3

『個人の2／2戦略』

働き方改革を契機に、企業は私が懸念する「労働生産性低下への3つの懸念」を回避するために、会議を減らすなどの無駄を省くとか、テレワークの導入などの仕事の効率化を進めていますが、前章で書いたように、中小企業では、大企業のように大きな効果は得られないと考えています。もちろん、無駄を省き、効率化することを諦めてはいけません。当然ですが、効果がまったくないわけではありません。

仮に日本商工会議所が発表している中小企業の労働分配率73％、ざっくりと原価50％の企業で売上が5億円の企業を想定すると労働生産性が1割改善したとしたら、２０００万円近いコストダウンとなります。２０００万円とすると、時給単価を２０００円として計算すると１０，０００時間分となり、50人の企業なら月間一人当たり、単純計算で17時間分となり、月に2日休みを増やしても何とかペイする計算になります。1割の改善が難しくとも労働生産性の改善が半分の5％でも全社員が月に1日休みを増やせる計算となります。年間12日の休みの増加は、人材採用難時代に採用のイメージアップにも強力に利くアピールになります。やはり何としてもまずやるべきことは、少しでも無駄を省き、効率よく仕事をすることだとわかります。

しかし、もともと人手が集まらなくて残業や公休出勤が常態化していたり、有休の取得率の低い企業であれば、働き方改革の法制度を完全に履行することは、代わりの人材の募集ができなければ受注を減らすしか手がなくなります。さらに最低賃金のアップによって人件費が上昇すれば、企業に取ってマイナスのスパイラルに陥りかねない大問題です。こうした事態が予想されている企業が今たくさんあるのです。建設業もそうですし、小売業やサービス業でもそうです。もともと労働集約的な事業はほとんどこのイメージではないでしょうか？

■企業の苦しみは、働く人にも帰ってくる

多くの働く人たちにとって、このような企業の苦しさを傍目で見ているわけにもいきません。残業が減って有難い、有給休暇が連続して取れて嬉しいと言っていられない事態となるかもしれません。それが事業の縮小や企業の倒産です。つまり、リストラでの失職です。

大げさな話ではありません。全国の中小零細企業の中には労働集約的な企業で、さらに経営者が高齢者であり、市場変化や労働環境の変化についていけない企業がかなり存在していると思います。そうした企業の中には、後継者が見つからないために事業の継続を諦めて、会社をたたむところが出てきています。私の印象としてかれこれ10年ほど前より、こうした事業承継問題が徐々にクローズアップされてきたように思います。事実、既に中小企業庁によって全都道府県にその問題に国として対応するために「事業引継ぎセンター」が設置されています。なんとか事業を維持し雇用を守るためにも国が相談窓口を設けて専門家を常駐させて対応しています。

働く人にとって、慣れ親しんだ自分の勤務先が無くなるのは辛いことです。仮に別な求人企業があったとしてもすんなり採用されるかどうかわかりません。採用されたとしてもまた一から仕事を覚えなければいけないし、勤務場所が遠くなるかもしれません。せっかく築いた人間関係も無くなってしまいます。何より、最低時給で働いていないほとんどの人にとっては、採用時に給与が一旦下がるかもしれません。初めてのボーナスも算定期間外でもらえないこともあると思います。

このように、雇用先の縮小や消滅はぜひ、避けなければいけません。政府としてももともと事業の推進・継続が厳しいところは市場から退出してくださいとは一言も言っておりません。企業は働き方改革を通して今以上の自助努力が必要であり、企業にとっても働く人にとっても知恵を出し合い、できる努力をして、改革を推進して明るい未来を作ろうと望んでいると思っています。

私は、第3章、第４章、第５章と、中小企業が取り組むべき経営改革の在り方を書いてきました。それは、一筋縄で行くものではなく、企業経営者にとって従来の延長の思考ではなく、抜本的に企業そのものの在り方や運営を見直すレベルのものです。今でも必死に経営している社長様から見れば、実態とかけ離れた無理難題と捉えられるかもしれません。読みようにとっては、大変厳しいご意見を頂きかねないと思っています。それでも、敢えて書いたのは、この働き方改革は日本だけの問題ではなく、ますますグローバル化が進む世界の中で、トップレベルの先進国として労働時間の削減や休暇の増加、労働生産性などの指標の改善は避けて通れない問題だからです。

そして世界から注目されている人口減少と高齢化の問題もあります。今までの経済学や社会学のセオリーから言えば、国は人口減少、高齢化とともに国力を落とすことになります。

私はこの常識に果敢に挑戦すべきだし、日本人にはその底力があるのではないかと思っています。

そして、私はこの問題を決して企業の経営者だけに解決を委ねるべきではないと思っています。一見すると経営者に突きつけられている問題のようですが、必ずブーメランのように働く側にも影響が出てきます。第一、労働者全体にとってマクロ的にいい効果があることでも、あなたが失業して、再就職が困るのでは意味がありません。この本はそういう意味で、一人ひとり違う状況で、それぞれの人が考えてどう対応するべきかのヒントを書いているつもりです。

さて、企業側だけではなく、私たち一人ひとりも意識改革が必要な理由はもう理解していただけたと思います。この主旨で第6章、第7章と、今の仕事をベースに労働生産性を少しでも改善するという対処療法というより、人生全体を捉えてよりよく生きるためのアイデアを書きました。

そこでこの第８章では、働く人の視点に立った最後の章として、少しだけ現実に近寄って、経営陣の一員である取締役や執行役員などの幹部クラスから、部門をまかされている管理職、そしてある程度自分の仕事を自分でマネージメント可能な一般職の方たちを対象にして、今後どのような意識で実際の仕事での労働生産性の改善に取り組んだらよいかを書いていきます。

■ナンバー2が持つべき1／1とは？

第５章で私は、社長が持つべき仕事の意識として、今年の予算達成を第一に考えるのではなく、社長だけが持てる視点である中期・長期に意識をフォーカスして、10年先に今の10倍の売上や利益を考えて仕事をすべきだと書きました。それを社長の10／10と表しました。そして、今年の目標を必達するという、企業に取ってもっとも大事な問題はナンバー２のＣＯＯや副社長や専務といった立場の人が責任を担って、トップとナンバー２が会社運営に必要な今と未来を分担して責任を持ち、相互補完的な仕事をするべきだと提唱しました。

従って**ナンバー2の仕事の意識は、1年で1倍、つまり目標必達が仕事になり、1／1と表されます。**誤解をしないでいただきたいのは、社長が今年の問題をいっさいナンバー2に任せてしまうとか、ナンバー2が中期・長期の視点はもたなくてもいいと言っているわけではないということです。ナンバー2である副社長や専務取締役が単なる社長の補佐役として仕事をすることでは会社にとってベストな運営とは思えません。補佐役という言葉からうがった見方をすれば、ナンバー2をいつも頼りにしてしまう甘えも出るだろうし、ナンバー2はといえば、最終責任は全て社長と押しつけることで責任をあいまいにできると思うのです。従って、きちんと役割を分けて、相互に補完することがベストであると思います。

さて、社長の10／10、そしてナンバー2の1／1と来て、では、他の責任や担当を担っている幹部や管理職や一般の社員はどのような視点で仕事に取り組んだらいいでしょうか？

■個人のキーワードは2／2

それが、この章のテーマの個人の２／２戦略です。

もうお察しだと思いますが、**２／２とは、２年で2倍の目標にする意識**ということです。いずれかの組織に所属している、部下がいるかどうかを問わず全ての管理職や、社員の中でも自己マネージメントできる社員が対象となります。そして、その意味は自分の担当している**仕事を2年間掛けて2倍の成果を出すように取り組む**ということです。それを数字で２／２と表しています。

戦術と言わずに敢えて「戦略」と言ったのは、これは具体的に仕事の成果を倍にする戦術的な方法論ではなく、働く仕事人として、自分のプライベートも自分の思考方法も全て自分に関わることを含めて、自分を総動員して仕事の成果を大幅に引き上げるための意識改革として考えて欲しいからです。これは、会社の経営的に社員に求める努力目標とも捉えられますが、むしろ個人として自己の価値を高めて、自己実現をはかるために取り組んでもらいたいと思っています。

まず、個人の何を2倍にするかということです。

これは、社長の10／10でもお話したとおり、どんな仕事をやっているかによって違ってきます。売上、利益、生産性など、指標の改善が自分の仕事の成果を上げて、モチベーションが上がることならなんでもいいと思います。事務的な仕事であれば、今までの倍のスピードにするとか、秘書のような仕事であればミスを半分にするでもいいのです。

次に、なぜナンバー2と同様に今年の予算必達目標の1／1ではなく、敢えて2年で2倍（半分）なのかをまずお話しします。

私は、既にお話したとおり、個人が人生100年時代を他力本願ではなく、自発的に生き抜く意識を持ち、その能力を自ら高める必要があると思っています。そのためには、今年の予算を無難に達成するというのでは、意識も足りないし、能力もいつまでたっても磨かれないと思います。とは言っても1年で自分の担当している仕事の成果を2倍にするというのは、さすがに酷な要求ですし、そんなことが簡単にできるようなら今までの仕事はなんなんだということになります。必死に仕事に打ち込んでいる皆さんに失礼な提案です。しかし、イノベーション的な仕事の改革は、大きな不可能と思える目標があって成し遂げられることが多いものです。あまり長期的な目標でも間延びしてしまうことから、**２年間を掛けていつも2倍（半分）という意識で仕事をすることが実現性もあり、良いモチベーションになる**のではないかと思います。

そもそも、まず第一に今年の目標達成はいわば社員として当たり前のことだからです。ところが、その個人の目標が本当にあるのかということです。

企業に勤める社員として、言うまでもなくまず会社の今年度の達成すべき目標があり、それをベースにして、それぞれの組織部門毎に配分されて目標設定されているのが普通です。例えば営業部全体として、今年の目標は前年比の１・２倍であり、さらに東京支店は最近の伸びが大きいために、売上構成の比率を高めて、１・３倍を目標にしているという具合です。

少し本題から離れますが、社員管理がなかなか大企業レベルまでできていない中小企業はこの目標の設定の仕方に２つの問題を抱えています。この機会にその問題を今一度考える必要があります。

一つは数字で管理できる営業部門や店舗別の目標設定はできていても、その目標が必ずしも個人個人にまでブレイクダウンされていないことです。もちろん個人の業績管理もずいぶん前から取り入れている企業があり、年功序列の賃金体系の見直しが行われているところは、この個人の目標設定と管理がなければ成り立ちませんから、今では中小企業にもずいぶん浸透してきてはいます。しかし、そこまで管理が徹底されていない中小企業もまだまだあります。

個人個人の総和が組織の結果となるのに、個人の目標やミッションが不明瞭であれば、どうやって全体の目標を達成するかという議論が不十分です。

これでは、ともすると、努力や工夫や成長などの数字として目標設定しにくいことは数字にカウントしておらず、人間の行うことのパフォーマンスは従来通りとしか見ていないことになります。逆に言えば、プラスマイナスの変動要因は全て外部要因となってしまいます。景気がいいから売上が伸びるだろう、ライバルの出現で売上が下がったということだけの目標と結果となっています。このように問題点の一番目は個人としての貢献を盛り込んでいない目標となっている可能性があるということです。大企業と比べて人数が少なく、属人的な仕事をしている中小企業では、個人の意欲の増減が部門の成績にすぐに影響してしまいます。外部要因に依存する目標設定とその進捗管理だけでは不十分です。社員一人ひとりの能力と意識をどう上げて維持し、コントロールをするかは特に中小企業においては大変重要です。

もう一つの問題は、間接部門などの数字で測りにくい部署の目標設定の問題です。最近は中小企業も商工会議所や県の外郭団体である産業支援機関などのセミナーや個別指導などの努力もあって、間接部門も目標設定とその管理の重要性が少しずつ浸透してきていますが、ともすると中小企業ではこれが部署ごとにはまるで設定されていない場合があります。総務部門のように数字で測定することが適当ではない仕事だったり、業務部門などのように他部門次第の仕事のために設定が難しかったりで、予算として効果的に取り込まれていないのです。そしてこの間接部門は働き具合の見える化が難しいために、会社の業績次第では、仕事の中身やボリュームとは無関係に一方的に削減されたりする部門です。大企業でも、リストラで仕事が増えて残業続きの人事部門も来年の予算は管理部門の一律2割カットなどで人員削減せざるを得ないなどの不条理な現象となってしまいます。

このように、本来営業部門などで当然あるべき個人の目標の設定までのブレイクダウンがそもそもできていなかったり、間接部門など個人として目標設定ができにくい部門にいる個人は、具体的な目標もミッションもはっきりしていないことがあります。この点、もし導入が遅れている中小企業があれば、早期に社員全員が会社から期待されている仕事とその成果が確認できるように制度を作る必要があります。

■2／2の素晴らしい効果

さて、本題に戻り、2年という期間で自分の仕事を2倍できるように工夫をするという意識持つとどんな効果が期待できるでしょうか？

今も一生懸命仕事をしているわけですから、そう簡単に誰にでもできることではありませんが、もし達成したらどうなるでしょうか？

第一に、仕事が意欲的になります。

会社からの今年の予算や目標が設定されている場合、その倍の目標に自ら取り組むことで、やらされ仕事よりはるかにチャレンジブルになります。またそのような予算や目標設定が無い仕事をしている場合も、自分で指標を設定すること自体、仕事が自分のものになっていく感覚があると思います。他力本願ややらされ仕事からの解放感があります。人によっては血が湧き、肉が踊るような初めて感じる興奮があるかもしれません。

第二に、日々の過ごし方が健康的になり、気持ちも明るくなります。

無理をして短期的に仕事を倍にするのではなく、長い期間を掛けて取り組むのです。その意欲を発揮したり、維持するために、毎日24時間の時間の過ごし方や曜日ごとの計画性が出てきます。特に休みの日に何をするかは大事になってきます。人間であれば、体調が悪かったり、精神的に落ち込んだりすることは、良くあることです。ついついお酒を飲み過ぎたり、休日に遊び過ぎて疲れてしまったりということもありますが、仕事のパフォーマンスをいつも意識しているとプライベートの過ごし方も変わってくるし、それが、心と身体にとてもプラスになるはずです。決してプライベートの管理だけではありません。仕事をしている時間に起きる、疲労やストレスに対しての対応の仕方も変わってくると思います。無用なことで腹を立てたり、失敗をいつまでも引きずっていては、自分に何の得もないので、さっさと気持ちを切り替えることです。しかもこのような思考は、気持ちを切り替えるどころか、「転んでもただ起きない」という全てをプラスに考える思考に発展します。

これが、個人のパフォーマンスにも相当影響しているというのが私自身も実感しています。ビジネスマンである以上、心と身体の健康管理は、必須のリテラシーです。皆さんのこのような変化にぜひ期待したいと思います。

第三に、仕事を多方面から見ることになり、工夫改善の幅がひろがります。

仕事を2倍にするということは、今の仕事の項目全てを確認整理してどこをどうすれば効率が倍になるかを考えることです。しかし、仕事とは、得てして自分だけの改良・改善ができないことも多いものです。それが仕事の項目ごとにある他人との仕事の接点です。これはなかなかすぐに改善するわけにはいかないかもしれません。しかしできなくても2年間かけて取り組めばいいのであせる必要はありません。接点を考えるということは、その先の相手の仕事も考えることにもなります。もしかすると自分の仕事ではなく、接点の先の相手の仕事の生産性の改善のヒントが先にみつかるかもしれません。もし仕事にイノベーションが起きるとしたら、このような視点での積み重ねだと思います。

第四に、上司のあなたを見る目が変わります。出世するし、給与も上がります。効果の第一の、仕事を意欲的に取り組むようになり、第二の、健康的で明るくなり、第三の、周りの人とも協力しながら工夫改善している姿を見て、上司はきっと結果を出す前からあなたの変化に気が付き、いい印象を持つと思います。なぜならあなたの変化は周りにとてもいい影響を与えるからです。

上司は、自分の言うことを聞かない、なんでも屁理屈を言う、しかもネガティブで、そして結果として目標にも達せず、それを反省もせずに人のせいにするような部下は本当は大嫌いです。あなたが今そうだとは思いません。そんな人がこの本を読むとも思えませんから。残念ながら職場に一人や二人はいるかもしれません。このような人が、職場の影のリーダーとなっていたら上司はほとほと手を焼いていると思います。周囲にも悪い影響を与えている可能性があるからです。

上司はあなたが変わることで、職場に光が差し込んできたように感じるはずです。あとは結果をだすことです。きっと査定がぐんと良くなるはずです。

■上司が部下の意識改革に利用する2／2

部下を持つ管理職として、この個人が取り組む2／2は、自分だけが活用するのではなく、部下にもこの意識を持ってもらうことで、先ほどの大きな効果が期待できます。ここで部下のモチベーションの上げ方について少しお話します。

第3章でも紹介した、ベインアンドカンパニーのマイケル・アトキンス氏とエリック・ガートン氏の著作「TIME TALENT ENERGY」には、企業の競争力を高めるためには、タイトルにもある「時間」「人材」「意欲」の3つの源泉をうまくコントロールすることであり、これがうまく出てきている企業はそうでない企業より生産性が40％高いと書いてあります。この中で、「意欲」についてですが、3つの取り組みが示されています。一つは、経営陣が取り組むことで、「人間性溢れる理念を策定・導入する」ということです。現代の働き手は、既にマズローの欲求5段階説の5段階目の「自己実現欲求を満たす段階」に来ています。ここでは、お金で意欲を出させるとか、叱られるから仕事をするといった低次元での欲求は通用しなくなっています。企業の理念も「社員と家族の幸福をめざす」といった段階から、「全ての人の健康に寄与する」などの高次元の社会性の高い理念が効果的だということです。

そして、上司である皆さんができることもあります。それが、「社員のやる気を奮いたたせる」ことであり、「当事者意識を持たせる」ことです。一人ひとりが自立して自己実現をめざしている今、社員への接し方も教育もこれをめざしたものでなければ、逆効果になりかねません。

そこで2／2を活用して効果的に社員の意欲を上げたいものです。

もちろん、2／2を自分もやってるからと社員に押しつけたのではやる気が上がりません。まず、先ほどの効果の一、二、三を丁寧に説明し、なぜ必要なのかを理解してもらうことです。決してこれは強制的に命令としてやらせるものではないこと、**会社のためだけでなく、自分のためにもなることを上司が自分の体験を通して話す**ことが大事だと思います。

【第８章まとめ】

働く人の意識改革・その３
『個人の２／２戦略』

働き方改革を契機に、企業は「労働生産性低下への３つの心配」を回避するために効率化を進めているが、中小企業では大きな効果は得られない。

■企業の苦しみは、働く人にも帰ってくる

働く人たちにとって、残業が減って有難い、有休が取れて嬉しいと言っていられない事態、事業の縮小や企業の倒産、リストラでの失職がありうる。雇用先の縮小や消滅を避けなければいけないが、対策は一筋縄で行かない。この問題を企業の経営者だけに解決を委ねるべきではない。

■ナンバー２が持つべき１／１とは

ナンバー2の仕事の意識は、1年で1倍、つまり目標必達が仕事。社長の10／10、そしてナンバー2の1／1なら、他の幹部や管理職は?

■個人のキーワードは２／２

２／2とは、２年で2倍の目標にする意識。具体的に仕事の成果を倍にする戦術的な方法論ではなく、働く仕事人として、自分を総動員して仕事の成果を大幅に引き上げるための意識改革。個人の何を2倍にするかというと、どんな仕事をやっているかによって違う。ナンバー2と同じ1／1ではないのは、２年間を掛けて2倍（半分）という意識が実現性もあり、良いモチベーションとなる。

■２／２の素晴らしい効果

２年という期間で自分の仕事を２倍できるように工夫をすると、仕事が意欲的になり、日々の過ごし方が健康的になり、仕事を多方面から見ることができ、上司の見る目が変わり、出世できて給与も上がる。

■上司が部下の意識改革に利用する２／２

２／２を実践して自分の体験を通して部下に話す。

第三部

働き方改革は日本の未来を決める

第三部　働き方改革は日本の未来を決める

第9章

働き方改革で手に入れる日本の未来戦略

■VUCAの時代は誰にでもチャンスがある

みなさんは、「**VUCAの時代**」という言葉を聞いたことがあるでしょうか？

Volatility（変動性）、Uncertainty（不確実性）、Complexity（複雑性）、Ambiguity（曖昧性）の頭文字を取っていて、「先が見えず、混沌としていて、予測が難しくて対応の判断が難しい状況」を言います。

もともと1990年代にアメリカの軍事用語で生まれた言葉で、ウィキペディアによると、それまでの国と国との戦争が、「アルカイーダ」というそもそも国家ではなく、組織もはっきりしない、明確なリーダーも存在せず、思想的に同調した人たちが、同時多発的にテロを起こしている状態に対応を迫られたアメリカ軍が作った言葉とのことです。

それが、戦争以外の世界の政治・経済・宗教などの多様化とグローバル化によって、相互の影響力が高まり、ビジネスや個人を取り巻く環境を説明するのに大変合っているために現在は、ビジネス用語として使われるようになっています。

企業と個人を取り巻く環境は、世界全体が影響し合う相互依存性によって、また世界を大変革しようとしている第四次産業革命と、日本の固有の人口問題とその対策でもある働き方改革などのあらたな施策でまさにVUCAの時代と感じます。まえがきにも書いた、目標を持ちにくい時代であり、漠然とした何かの不安がぬぐいきれない時代です。

しかし、この時代は、昭和、平成と仕事をしてきている私からみると、簡単な道筋は見えませんがチャンスの時代とも思えるのです。

私が思うその**理由は三つ**あります。

一つ目は、大量生産、大量消費時代とその後のなだらかな推移状態の時は、人々は、物質的な満足を求めて同じ物やサービスを持ちたがり、同じ体験をして人と人との関係性と社会性を求めており、新しいアイデアがなかなか人々に受け入れられず、通用しにくい時代であったように思えます。余暇も同じ観光地に殺到し、ファッションであれば、あるブランド品を誰もが持ちたがり、テレビを見れば、同じ歌手が大ヒットの曲を連発していました。みんなが似たようなライフスタイルを求めていて、他人との差別化は、同じカテゴリーやアイテムの中での「松・竹・

梅」だったように思います。

しかし、今はどうでしょうか。商品は品質やT・P・Oや個人の個性化された感性が重視されて大ヒット商品が無くなり、無印良品がヒットしているように、ブランドマークに価値をあまり感じない人が増えてきました。一昔前には貧乏を象徴するような中古品に価値が出てきて「ヤフオク」などのフリマ市場も拡大を続けています。音楽やテレビもいったい何がヒットしているのかすら分からなくなり、ヒットそのものにあまり意味が無くなってしまったのです。最近では、物を所有するより、使うことに価値を感じる「シェアリング・エコノミー」や、一人ひとりの顧客ニーズを満たし、長期的な関係を築く「サブスクリプション・エコノミー」などが新時代の収益源となりつつあります。まさに私たちの経済・社会・文化もVUCA化しているというのがチャンスの一つ目の理由です。

つまり、大企業が大資本を投入してめざしていた、大ヒットしなければ成功しない世界から、**個人や中小企業でもめざせるミニヒット、マイクロヒットで市場が成り立つ可能性がある**世の中になっているということです。あなたが欲しいと思う商品やサービスを欲しがる人が必ずどこかにいます。

　そして**二つ目**は、リアルの世界だけでなく、ネットの中の世界やバーチャルの世界が生まれたことです。インターネットが普及したのは、２０００年になってからですが、リアルな世界で起きていたあらゆることが、もう一つ別の市場ができたのです。これによって、市場が急拡大するとともに、リアルな世界を支配していた古い大企業から、主役の交代もあらゆる産業で起きています。

　今の時代がチャンスだと思える**三つ目**の理由は、どんな個性でも認められる時代となったことです。

　私が中学・高校を過ごした時代は、東北という土地柄もあったのかもしれませんが、一言で言えば「出る杭は疎まれる時代」であったように思います。

　それ以前にみんなが肩を寄せ合って生きていて、個性や個人の価値観より集団の暗黙の合意が居心地の良さを生んでいた時代はもっとチャレンジ精神は嫌われていて「出る杭は打たれる」とか「出る杭は引っこ抜かれる」という時代でした。

　そこから次第に自由な行動や発想が認められるようになってはいましたが、まだまだ保守的な環境であり、教育や結婚、就職もそうですし、趣味や物の購買にも他人の目を気にする感覚がありました。自由は認めると言いながら、自分の感性に合わない他人の行動は、心良く思わないという時代感があったように思います。

ところが今はどうでしょうか。

いつのことからか、VUCAの時代となり、過去の否定がどんどん当たり前になってきました。今まで大事に守ってきた価値観が通用せず、その代わりにどんな弱者も少数者も情報を発信し、認められる超個性時代となりました。誰にでもチャンスがある素晴らしい時代です。一方で法律に触れなければ、いや、見つからなければなんでもありの無法、無秩序感覚が蔓延し、行き過ぎた自由とも思える時代になっています。どんな人が何を考えても何をしても誰も文句を言われる筋合いのない社会となっています。

ここ20年から30年ほどで起きたこのような3つの変化は、私たちに大きなチャンスをもたらしました。成功するための有形、無形のインフラとも言えるハードルが一気に下がりました。誰でも参加でき、何をしてもいい感じがします。

■ VUCA時代のOODAループ

しかし、この流れをうまく利用した人たちと、できなかった人たちには、従来の昭和の成功者とは違った意識と行動が有るように思います。そしてそれはこれからもおそらくしばらく続く大事な企業と人の生き方、在り方だと私は思っています。

それが、**OODAループ**と呼ばれていることです。

VUCAと同じであまり耳慣れない言葉ですが、こちらも軍事用語から転用されている、組織、ひいては個人にも活用できる意志決定スキルです。

OODAとは、Observe（観察）、Orient（情勢判断）、Decide（意思決定）、Act（行動）の頭文字を取った言葉で、「ウーダ」と読みます。

この理論は、朝鮮戦争で戦闘機のパイロットをしていた元アメリカ空軍大佐ジョン・ボイド氏が、どんな戦争でも適用できる共通要素として考えたものです。その理論は、先の見えない混沌とした状況で戦うためには、頭の固い目的意識と行動ではだめで、常に対象を見て、状況判断し、果敢に意思決定して、行動するということを繰り返していくという理論です。

そしてそれが効果を発揮するために必要なのは「アジリティ」＝機動性という行動能力です。つまり、がっちり体制を固めてからスタートするよりも、スピードを重視して、OODAをどんどん繰り返して行くことが成功に近づく道と言います。

VUCAの時代は、先が見えにくく、マーケティングしたり、その結果を考えたりして時間をかけるより、**ある意味直感的な思いでスタートさせて、その状況を見ながら変化させていく**ことが大事だということです。

頭脳明晰で優秀な大学を出た人ばかりが成功するわけではありません。むしろ、思いついて、失敗を繰り返しながら学んでいく行動柔軟性が、これからの優秀さになるのです。この思考方法は、すべての社長、年代を問わずすべての個人にも未来に影響を与える考え方です。

■社長がどれだけ夢を持てるか

働き方改革を抜本的に考えて進めて行くためには、社長の「人材戦略」と「オンリーワン思考」と「10／10の未来を見た仕事」が大事と話してきました。私は、**これからの時代の社長像は、夢を持ち、自ら挑戦し、夢の卵を社員に分け与えながら、社員を成長させていく姿**だと思っています。「それは社長として当たり前のことですよね」そんな風に思っている社長は結構いい線行っているのではないでしょうか？

世間には、まだまだ実態として天下り的、腰かけ的社長もいますし、既にある自らの市場（だいたいは先達の成果）を守っているだけの社長もいます。また、中小企業の社長に多いのは、市場が大資本に席巻されて、身動きが取れなくなり、先行きが厳しいことです。どちらにしてもそのような社長には、働き方改革はこれを逆手に取って利用しようという主体的に前向きには考えられずに、厄災としか思えません。いよいよ粗利の減少か、事業縮小しか道はないかもしれません。

そうならないためには事業を拡大するか、新しい新規事業をやるか、事業を変革するかの三つの選択肢となります。そこで社長にこそ、夢が必要です。そして夢を見つける過程でも形にして行く過程でも必要なことは、社長の個性あふれる、人から好かれる人間性だと思います。会社のことばかりに首をつっこんで、がみがみ言っている社長や、人を管理することこそ社長の仕事と思っている人は、VUCAの時代には引退してもらったほうが会社のためです。もしオーナー社長であれば、夢と行動力ある社長にバトンタッチした方が会社が存続発展して、あなたがやり続けるよりも配当で儲かるかもしれません。

社長はこれからは、いつも夢を持って、10／10を意識してください。

■情報収集と行動と出会い

社長が夢を探すためにもそれを進めて行くためにも必要なことは、会社の外にある情報です。あのドラッカーも著書「創造する経営者」の中で「組織の成果は組織の外にしかない」と断言しています。顧客は間違いなく、会社の外にあるし、ヒントもそうです。そうした情報収集で社長に注意していただきたいのは、「知識を得よう」とする間違いです。必要なことは、「知識」ではありません。もっと言うと「知恵」のレベルでもないように思います。**必要なことは、「何をめざすか」「どうめざすか」「誰が役にたつか」です。その情報収集こそ社長がやるべきこと**です。

ですからここで言う情報とは、「図書館で調べごとをする」といったことではなく、多くは人との出会いで得られるものと言っていいと思います。

しかしこれはなかなか狙ってできるものではありません。「プランド・ハプン・スタンス」のような、夢があるからそれを求めて行動して、偶然の出会いで得られることだと思うと、いつも動くたびに成果が上がるわけではありません。ワンマン社長が社内で振る舞う自分本位、自己中心的な態度では、外部では通用しないでしょう。そのためにも**これからの社長に必要なのは、個性あふれる、人から好かれる人間性**ということだと思います。

■働き方改革は社員の意欲を高めた企業が成功する

社員思いの社長というと、昔はいつもにこにこして、細かいことは言わずに、会社を家族のように思っている社長というイメージがあります。その反対の社長は、自分のお金を増やすためだけの会社と社員であり、ドライでケチな社長と言うイメージです。残念ながらそのどちらの社長も働き方改革の導入にあたっては考え方を変える必要がありそうです。

働き方改革でめざしている会社の姿とは、社員の処遇を改善し、働きやすくし、ワークライフバランスが改善した社員が自主的に生産性の改善に取り組む仕事ぶりです。もし、前者の社長であれば、もしかすると社員は労働時間の減少と休日の増加と最低賃金の改定で給与アップという恩恵だけを享受して、会社の生産性の改善には社員は寄与しないかも知れません。

また、後者の社長の会社であればどうでしょうか？ 生産性の改善を達成させるために社員に厳しい対応をするように思います。アメとムチの、「飴」は働き方改革の法制度の強制された労働時間の減少だけ。「鞭」は徹底したノルマの設定と業績管理による絞った雑巾をさらに絞るような、ますます厳しい社長となるのかもしれません。

しかし、これでは社員の前向きで自主的な無駄の排除や、イノベーションを起こすアイデアが出てくるとは思えません。

本書の各章でも書いているとおり、この働き方改革でめざしているのは、最低でも労働時間の削減に見合うだけの労働生産性の改善ですが、国としては具体的な手順は示していませんが、さらにその先に OECD 加盟先進国の中で最下位レベルの生産性の改善につながるトータルで本格的な改革を期待しています。

そこには、働く人たちの前向きで自主的な協力姿勢がどうしても必要です。私は、これから求められる様々な働く側の視点に立った制度改革やリカレント教育の推進などを国がどんどん進めている背景には、これ以上国が企業の利潤追求に有利な対応をしても企業側は自主的に雇用環境を改善しないのではないかと諦め感を持ち、先に働く側の待遇改善を先行して、企業側には改革なくして生存なしの厳しい環境を突きつけたのではないかと思っています。そして、前向きに努力したところだけが、生き残り、後ろ向きであり、改善できなかったところは自然淘汰される運命にあることを当然知っていると思っています。

一方の働く側には、「仕事の意識を変えるための環境は整えたのだから、あとは、自己責任で仕事に向きあい、働くことが自分の人生のためとの認識を高め、仕事を好きになって、結果的に会社の業績に貢献してもらいたい」という意識改革の狙いが根底にあるのではないかと思っています。

どちら側から見ても、ベストな答えは、社員が変わることです。しかも無理に変える数パーセントのレベルではなく、努力だけの短期的変化でもありません。中期的、長期的に生産性を倍にするくらいの改善をするためには、働く人たちが自分たちのためにもメリットがあるから取り組むという姿勢があって始めて見えてくる高いレベルが必要です。

■従業員満足が立派な会社の戦略になりつつある

その方法として、めざすべき企業の対応は、如何に従業員満足度を高め、仕事の意欲を高められるかです。

２０１７年に米国のギャラップ社が世界各国の士気を調査したところ、日本は、「熱意あれふれる社員」の割合がわずか6％と、調査した１３９カ国中で１３２位と最下位レベルだったとのことです。さらに「周囲に不満をまき散らしている社員」は24％、「やる気のない社員」も70％を超えていたとのことです。（２０１９年6月19日、日経新聞）この驚くべき日本の低位置は、ある数字を連想しませんか？そうです、前にもお話した日本の労働生産性がOECD加盟国中の先進国で最下位レベルと似ているのです。もしかしたらこの二つの数字は関連性があるのではないだろうか？　そう思うのは私だけでしょうか。

「日本という国は、社員を大事にしていないのではないか？　だから会社に夢も希望もやりがいも持てずに、言われることだけやる社員ばかりになっているのではないか？」　国もそういう懸念を持ってもおかしくありません。

どうしてこのような社員の無気力が日本の企業に蔓延したのでしょうか。

この問題だけでも関連した本がたくさん出版されています。その多くが会社が働く人の人間性を尊重していない制度やルールの存在、経営理念が共感できないきれいごとで実態と違うなどの経営レベルの問題点とか、上司のわがまま、横暴などが放置されていること、管理職のリーダーシップやマネージメント教育が不十分であることを指摘しています。

働き方改革を成功させるためには従業員の協力が不可欠です。どのようにしたら組織的に従業員満足が増進するのかを考えて行動に移す時が来ています。

社長自らがこの問題を見える化して戦略として取り組む必要があるのです。

しかし、この問題こそ、社長の人間性が問われています。

ビジネスモデルの構築や営業活動はある意味では仮面を被った社長でもなんとかなりますが、社内にはそれは通用しないからです。ハラスメント対策などの法律対応について総務や人事部長に怒鳴って命令しているようでは本末転倒です。外面が良くても社内でコンプライアンスに疑問符がつくようでは従業員満足は100年経っても向上しないし、間違いなく社員の採用と定着に影響が及び、今後はそれだけで会社は消えていくことになります。社長が心から社員のワークライフバランスが向上することを喜び、身体も心も疲れが取れ、毎朝明るい元気な顔で挨拶しあうことができるかどうか、働き方改革は社長に「もうワンランク人間性をあげないとダメだよ」と伝えているようなものです。

■働く側にも問われる人間力

働き方改革は、今まで書いてきたように、法制度を利用して会社や社会に対して働く側の自由度を高めてより仕事で活躍できるようにするものであり、社長は、従業員満足を戦略にしてその効果を高めるためにも今までよりも人間性を高めることが大事です。

しかし、一方の**働く側の働き方改革に対しての取り組む意識を問うことは、実はこの本の最大のテーマ**です。

働く人たちは、今後、テレワークやサテライトオフィスでの仕事、直行直帰、さらにはワーケーションやブリジャーなどの拡大で働き方がより柔軟になっていくと予想されます。また、雇用形態も高度プロフェッショナル制度やエリア総合職などの仕事の自由な選択が進んでいきます。さらに大きな可能性を秘めているのは、今国が推進しようとしている副業・兼業です。副業・兼業でも注目されているのは、肉体的な労働を掛け持ちするのではなく、例えば業務委託の顧問という形で知的労働者として副業を持ち、顧問先ばかりでなく、社外経験を積むことで勤務先にも何かで貢献し、自分のスキルアップにも繋げるという取り組みです。

そして、過酷な残業の削減や休日の増加によって精神的・肉体的に楽になり、ワークライフバランスを改善することで、仕事一辺倒ではなく、社会との関わりや家族との時間を増やして、より充実した人生を過ごすことができそうです。

このような労働に関係することの自由の増加は労働者にとってありがたいこと

です。しかし、楽ばかりもしていられないことが起きつつあります。

一つは、労働生産性が高まらないと企業は賃金に見合わない働き手に厳しい対応を迫る可能性があることです。もちろん有給休暇を全て使うのは労働者の権利ですが、これによって労働生産性が下がらないように企業は制度改革やＩＴ投資、設備投資などで対応していくことになります。そうした**企業側の努力に貢献することも労働者の権利の充実とともに働く者一人ひとりも義務として求められていく**のではないでしょうか。

■ＡＩやロボットに負けるな人間!

もう一つが、第四次産業革命がもたらそうとしているあらゆることに波及する技術の進歩です。

一般的には、第一次の蒸気機関、電力や石油エネルギーの活用の第二次、そしてコンピュータの普及が第三次産業革命と呼ばれており、そして今、第四次産業革命では、ロボットの活用、ＡＩ（人口知能）、あるゆるモノがネットとつながる

IoT（Internet of Things モノのインターネット）などの普及がまさに進みつつあります。これは、人類にとってかつてない大きな革命を引き起こそうとしています。それは、筋肉や骨という肉体が機械に置き換わった過去の革命とは次元が違うからです。ついに人間の脳や目や神経が機械に変わる革命であり、つまり、多少の頭を使う単純な仕事は無くなり、**人間の存在を問われ、人間は次なる進化をめざすことに追い立てられる**ことになるからです。

本当に車の自動運転が目の前に見えてきています。これによってバスやタクシーの運転手は不要となるかもしれません。またスーパーやコンビニのレジも無人になりそうです。いずれ外食も人を見かけないシステムができるかもしれません。ホワイトカラーの仕事も既にRPA（Robotic Process Automation／ロボティック・プロセス・オートメーション）と呼ばれるシステムが人の仕事から置き換わっています。従来の技術では不可能と思われていた人間が辛い仕事、面倒な仕事もいつか次々にロボットやコンピュータに変わっていくでしょう。

労働生産性の大幅な改善を余儀なくされる日本の中小企業にもいずれその波は押し寄せてきます。

私たち働く者たちは、そうした環境変化に対応しながら個人でできる努力をし続けなければいけません。それはどんな努力なのでしょうか？

あらゆる仕事を想定して話すのは難しいと思いますが、間違いなく言えるのは、**そうした技術によって置き換わる労働力から、それらを導入したり、使いこなす側に変わる**ことです。もう一つは、当面ＡＩやロボットではできそうもない仕事を今の職場で見つけてそこに移ることや転職することです。そしてより現実的な取り組みは、少しずつそうした技術が浸透するとともに少しずつ減らされる労働者側に選別されないように、仕事に真剣に取り組み、さらにスキルを身につけることでしょう。仕事によっては、一気に変わるわけではないので、今40代以降の人は、その取り組みで当面はなんとかなりそうに思います。自分の職場に入ってくるそうした技術にいち早く取り組むことが教える側としての新たな仕事を作ると思います。

■働き方改革で、今世紀後半、世界に誇る日本にする

心理学者でも社会学者でもない私がこういうことを書くのは大変筋違いであることは承知した上で、働き方改革がうまく進み、日本がもっと良くなることを期待して少しだけ日本と日本人の未来について書いて筆を置きたいと思います。

日本人は、もともと島国であり、移動も少ない閉鎖的な環境でそれぞれの土地に合わせた農業や漁業や林業などで生計を立てていました。そのルーツは世界の歴史に類をみないほど永く繁栄した縄文時代の影響があるのかもしれません。そこでは、人間関係も閉鎖的であり、ある地域ごとに村長さんなどのトップの下で皆で話し合って問題解決をしてきたのだと思います。いろいろな問題があってもみんなで丸くおさめるのが集団で生きる知恵であり、その中で異質な考えを持つものは、ルールを壊すことになり、それは従来の既得権益者には迷惑であり、ともするとリーダーの求心力も失い、ひいては組織全体の利益にならないということになるために「出る杭は打つ」「出る杭は引っこ抜く」ということをしてきたのだと思います。

自分よりも集団の利益を優先する意識は、より相手への気遣いをしたものが人から尊敬される出世のルールに結びついていると思います。次第に争いごとをしないこと、自分を犠牲にする方が人付き合いが楽になっていき、「思いやり」や「暗黙の了解」などの日本人の人間性の一つのルーツになっているのではないかと思っています。

私の感覚では、昭和の中期には明治大正生まれの人が支配層にいたためにかなりこうした感覚が当たり前であり、昭和の後期になって生活様式が変化して欧米化が進んで高度成長時代になってもまだ色濃く残っていたように思います。

そして迎えたバブル時代とその崩壊。さらにその辺りから先ほどの世界的なVUCAの時代へと日本人には変化のスピードが早すぎました。というのも、VUCAの時代に求められるのは、誰もが先を見通せないために一人ひとりの個の確立からの意志の発揮と行動なのです。

それがOODAです。欧米人がもともと「個人」をベースに社会が成り立っているのに対して日本は個を消して生きる人間性、つまり、個人の自我がまだ未発達な時に世界と一気に接触して競争する時代に突入してしまいました。これが私の感じる日本人特有の「カラッと晴れていない天気」のような気持ちの原因に思えます。

日本人が日本人らしい自我の確立をするためにはこの働き方改革は一つの大きな転機になるではないか。そう思っている理由は「カラッと晴れていない」気持ちにも影響すると思うからです。

日本人はここで、もしかすると大きな歴史的な転換点を迎えているのかもしれません。自己を埋没させる生き方が、シャイな性格で意味のないスマイルとして表現されてきましたが、欧米人はそこに違和感を持っていました。今、その日本人が少しずつ**自己主張をしながら集団の維持発展をめざそうとしている**のではないかと思います。

あくまで私の考えですが、縄文時代から日本人のＤＮＡに記憶された定住型の「和の意識」に対して、欧米の移動型の狩猟略奪の生活様式は、個人の自我の確立なしでは成り立たなかったのかもしれません。人の心配よりも自分と自分の家族の生存を優先してきたからです。そうした強烈な自我をまとめるのが彼らのたどり着いた民主主義ではないでしょうか。ところが、VUCA の時代になってこの民主主義では、自国や民族を守りづらくなってきており、このところせっかくまとまりかけた世界の秩序が壊れてきて内向きになりつつあります。あらゆるところで民族主義や自国主義が台頭してきており、日本も含めて○○ファーストという自分勝手が横行してきています。

実は私は、少し先になりますが21世紀後半に日本人が世界のリーダー役として様々な分野で世界から求められてくるのではないかと思っています。それは、自我が未確立な段階で迎えたVUCAの時代は、日本人を混乱させていますが、その混沌、混乱の中で自己の確立をめざしながら、日本固有の日本人らしい、世界が賞賛する数々の美点をさらに昇華して独自の人間性を手に入れていくと期待しているのです。これは、幸いにも自我の未確立な状態で何をどう確立していいかもはっきりしない環境での自我形成を余儀なくされた日本人しか持ち得ないものです。日本人は危機に直面するとなぜか縄文時代からの「和」の助け合い、思いやり、自己犠牲精神が発揮されて驚くほどの回復力を見せてきました。これは、**自我がないのではなく、全体最適を果たすことが自分のためにもなるという自我がある**からではないでしょうか。その点、まったく自我が未発達な民族がVUCAの時代に突入するのとも、自分と家族最優先という自我が確立している民族が突入するのとも違います。

新しいVUCA時代のじわじわと忍び寄る危機に今日本人は、縄文時代から長い年月を経て一旦確立させて運用してきた「和の心」による人間性から、混沌の中で変化して、でも大事な「和の心」は決して忘れずにVUCAの時代に活きる新しい自我を手に入れようとしているのだと思います。

日本人が世界でその個性を発揮するためにはまだ少し自信が足りません。この時代に必要な自我の確立が不十分で欧米人の個人主義の経験豊富な彼らの意識構造に入りきれないためです。そして世界もまだ日本人の本来持つ「和の心」が世界のためにも役に立つものとは理解していません。あくまで日本人の日本向けのローカルな意識だとしかみていないように思います。しかし、日本人は変わりつつあります。中国や韓国との問題が悪化して非難されるたびに、「私たち日本人はそんなつもりはない。私たちは心を開こうとしている。一緒に繁栄をつくりあげたいと思っているだけで、あなたたちの心配する日本ではない」そう感じる日本人が増えていないでしょうか。

２０５０年に1億人を切り、２１００年には８０００万人の維持も危うい人口減少局面で、日本という国が持つ独自に発展して変化する**「和の心をもった自我」という「世界にはない人間性」**を磨くことが私たちが生き残る道かもしれません。

働き方改革を通して、輝き続け、世界に誇れる日本となることを願っています。

【第９章まとめ】

働き方改革で手に入れる
日本の未来戦略

■ VUCA の時代は誰にでもチャンスがある
「先が見えず、混沌としていて、予測が難しくて対応の判断が難しい状況」。ここにはチャンスがある。第１にブランドマークに価値を感じない人が増え、経済・社会・文化も VUCA 化。第２にネットの中の世界やバーチャルの世界が生まれた。第３にどんな個性も認められる。

■ VUCA 時代の OODA ループ
OODA ループとは常に対象を見て、状況判断、果敢に意思決定して、行動する理論。「アジリティ」＝機動性という行動能力とスピード重視。

■社長がどれだけ夢を持てるか
これからの社長像は、夢を持ち、自ら挑戦し、夢の卵を社員に分け与えながら、社員を成長させていく姿。いつも夢を持って１０／１０を意識すべき。

■社長の情報収集と行動と出会い
会社の外にある情報も必要。夢があるからそれを求めて行動する。

■働き方改革は社員の意欲を高めた企業が成功する

■従業員満足が立派な会社の戦略になりつつある

■働く側にも問われる人間力
企業側の努力に貢献するのは社員の義務。

■ＡＩやロボットに負けるな人間！
人間は存在を問われ、次なる進化をめざす。

■働き方改革で、今世紀後半、世界に誇る日本にする
全体最適を果たすことが、自分のためになるという自我を持つ日本人。

あとがき

日本が直面している人口減少と少子高齢化という抜けだしようもない環境は、労働生産性が下がる要因しか思いつかない。さらに東京一極集中と地方の過疎化という環境がさらに追い打ちを掛けている。マクロ的に見ると避けては通れない働き方改革も理解はできるが、そんな中でどうしたら政府が言うとおりに本当に明るい未来が描けるのかという問題に私なりに答えを出してみたい。そういう思いで本書を書き進めました。

働き方改革は、大企業から中小企業、零細企業に至るまで、その事業内容、社員数、立地環境などによって、まるで捉え方が違っています。多くの企業の社長にとって、それぞれに戸惑いを感じていることでしょう。

「そもそも残業もほとんどないし、休みもたっぷりあるからあまり影響ない」という企業もあれば、「人手不足の上に残業の規制が導入されたら仕事が回らない」「有給休暇の連続5日の強制取得は、どうやって人の確保をしたらいいだろう？」などの厳しい現実もあります。もともと低賃金で労働者を雇用していた企業の中には、「最低賃金の引き上げと、休みも取らせなくてはならず、もう事業を続けられない。廃業しかない」こう言った悲鳴も聞こえてきます。事実、人手不足による倒産は、高水準で推移しています。

働く側にとっても、個人のスタンスによってまるで影響が異なります。元々残業がない人もいれば、残業代が無くなったり、休みが増えることで収入減少に直結する人もいます。

厳しい状況にある中小零細企業経営者と実際に働く人たちは、さらに厳しくなって行くのかもしれません。

こうした状況への対応を考えないと、中小企業が多い地方は衰退してしまいます。結果的に働く場所も少なくなれば労働者も困ってしまいますし、そのサービスの受け手の一般市民も生活できなくなります。

日本人が得意な逆境からの復活は今回も見れるのでしょうか?

私は、働き方改革は大きな不安と痛手を被る企業や人々が、変革の波に否応なしに直面することでついには、発想の転換を伴う行動の変化をせざるを得ないと見ています。

そういう大変革の時に必要なのは、いつもリーダー的な存在でしたが、今回はそれも不在な感があります。人も企業も先の見えない中で対応を迫られます。

誰かに頼る、誰かに倣う、誰かが何かしてくれる。令和の時代はこうした他力本願が通用しない社会に入ってきています。自分がなんとかして解決する以外に誰も助けてくれません。

そこで必要なことは、冷静な自己分析とか、外部の環境分析なども必要でしょうが、何より、どんな時もどんなことにも「あきらめない」気持ちではないでしょうか？

社長も個人も前向きに考えて、まず「できる」と思うこと。そして「やってみること」。結果がどう出ても「あきらめない」こと。この3つです。

「できる」「やってみる」「あきらめない」この3つのキーワードをぐるぐると回転させることがVUCAの時代を生き抜く自力本願の第一歩だと私は思います。

著者プロフィール

アクティベイト株式会社
代表取締役社長
海老　一宏（えび・かずひろ）

1957年、宮城県仙台市生まれ。中央大学卒業後、東証一部上場　品川白煉瓦株式会社に入社（現品川リフラクトリーズ株式会社）。人事、経理、営業に携わる。

2000年、エグゼクティブ系を得意とする人材紹介会社へ入社。トップエージェントとして活躍。

2005年　、アクティベイト株式会社を設立。代表取締役社長に就任。内閣府地方創生事業の「プロフェッショナル人材戦略事業」で全国41県に登録。2016年度より30都市以上で各県拠点主催のプロフェショナル人材戦略セミナーの講師を務める。これまでにエグゼクティブクラスをはじめ、7000名以上の面談と200社以上への紹介実績がある。

2018年、（社）日本オンリーワン協会設立、代表理事就任。

【著書】
『40歳からのサバイバル転職成功術—決まる人決まらない人の差はココにある！—』（ワニブックスPLUS）
『一流と言われる3％のビジネスマンがやっている誰でもできる50のこと』（明日香出版社）
『会社に「残れる人」と「捨てられる人」の習慣』（明日香出版社）

アクティベイト株式会社（www.activate.co.jp）
【東京本社】〒105–0012
東京都港区芝大門2丁目3番6号 大門アーバニスト4F
TEL　03-6450-1364　FAX　03-6450-1374
厚生労働大臣許可 13ュー300517

平成出版 について

本書を発行した平成出版は、基本的な出版ポリシーとして、自分の主張を知ってもらいたい人々、世の中の新しい動きに注目する人々、起業家や新ジャンルに挑戦する経営者、専門家、クリエイターの皆さまの味方でありたいと願っています。
代表・須田早は、あらゆる出版に関する職務（編集、営業、広告、総務、財務、印刷管理、経営、ライター、フリー編集者、カメラマン、プロデューサーなど）を経験してきました。そして、従来の出版の殻を打ち破ることが、未来の日本の繁栄につながると信じています。
志のある人を、広く世の中に知らしめるように、商業出版として新しい出版方式を実践しつつ「読者が求める本」を提供していきます。出版について、知りたい事やわからない事がありましたら、お気軽にメールをお寄せください。

book@syuppan.jp 平成出版 編集部一同

働かない「働き方改革」でいいのか？

令和元年（2019）10月25日 第1刷発行
11月11日 第2刷
11月12日 第3刷

著　者　**海老　一宏**（えび・かずひろ）
アクティベイト株式会社　代表取締役社長

発行人　須 田 早
発　行　**平成出版** 株式会社
〒104-0061 東京都中央区銀座7丁目13番5号
ＮＲＥＧ銀座ビル1階
経営サポート部／東京都港区赤坂8丁目
TEL 03-3408-8300　FAX 03-3746-1588
平成出版ホームページ http://www.syuppan.jp
メール : book@syuppan.jp

発　売　株式会社 星雲社
〒112-0005 東京都文京区水道 1-3-30
TEL 03-3868-3275　FAX 03-3868-6588

協力／石井吉雄　（イシイ株式会社代表取締役）
取材協力／阿部孝一（ブレイン・ワークス株式会社）
編集協力／安田京祐、大井恵次
本文 DTP ／ P デザイン・オフィス　印刷／（株）ウイル・コーポレーション